Jean Pütz · Monika Pohl · Rudolf Weber

Hobbythek spezial – Wäsche waschen mit weißer Weste

UMWELTSCHONEND UND STROMSPAREND

Die Deutsche Bibliothek – CIP-Einheitsaufnahme

Pütz, Jean:
Hobbythek spezial – Wäsche waschen mit weißer Weste : umweltschonend und stromsparend /
Jean Pütz ; Monika Pohl ; Rudolf Weber. – 1. Aufl. – Köln – vgs, 2000
(Hobbythek)
ISBN 3-8025-1423-8

Die Vorschläge zur Pflege und Säuberung von Textilien in diesem Buch sind von Autoren und Verlag nach
bestem Wissen und Gewissen sorgfältig erwogen und geprüft. Für die Pflege, Säuberung und Entfleckung
von Kleidungsstücken aus empfindlichen Stoffen sollten Sie aus Sicherheitsgründen Fachleute bei
Textilreinigungsbetrieben befragen. Autoren und Verlag und ihre Beauftragen übernehmen keine Haftung
für etwaige Personen-, Sach- und Vermögensschäden, die sich aus dem Gebrauch oder Mißbrauch
der in diesem Buch dargestellten Informationen und Behandlungsmethoden ergeben.

Bildquellen: S. 9: Tacke Windenergie, Salzbergen; S. 11, 23, 33 (Abb. 25): Henkel KGaA, Düsseldorf;
S. 14: Zentralverband Elektrotechnik- und Elektronikindustrie e.V., Frankfurt; S. 15 (Abb. 8): umTex – umwelt-
bewußte Textilpflegesysteme GmbH, Fröndenberg; S. 16: Miele & Cie., Gütersloh; S. 18: Baumwollinstitut,
Frankfurt a. M.; S. 19 (Abb. 11): Verband der Naturtextilwirtschaft e. V., Stuttgart; S. 19 (Abb. 12a): Deutsche
Zertifizierungsstelle Öko-Tex, Eschborn; S. 19 (Abb. 12b): TÜV Produkt und Umwelt, Unternehmensgruppe
TÜV Rheinland/Berlin-Brandenburg, Köln; S. 20 (Abb. 13): Verband für Leinenwerbung e.V., Bielefeld;
S. 20 (Abb. 14): HanfHaus GmbH, Berlin; S. 21: Verband der Deutschen Seiden- und Samtindustrie, Krefeld;
S. 25: Trevira GmbH & Co KG, Frankfurt; S. 27: Arbeitsgemeinschaft Pflegekennzeichen für Textilien in der
Bundesrepublik Deutschland, Eschborn; S. 31 (Abb. 22): Rudolf Weber, Düsseldorf; S. 33 (Abb. 26): Clariant
GmbH, Sulzbach; S. 39: Bayer AG, Leverkusen; S. 42 (Abb. 32 + 33), 43: Syntana Handelsgesellschaft,
Mülheim; S. 44: Huschert Filmtrickatelier, Hilden; S. 47: HEA Bilderdienst, Frankfurt

Alle übrigen Fotos: Cornelis Gollhardt, Köln/Stephan Wieland, Düsseldorf.
Grafiken: Designbureau Jochen Kremer/Gabi Mahler, Köln.

© vgs verlagsgesellschaft Köln, 2000

Alle Rechte, insbesondere das Recht der Vervielfältigung und Verbreitung, vorbehalten. Kein Teil des Werks
darf in irgendeiner Form (durch Fotokopie, Mikrofilm oder ein anderes Verfahren) ohne schriftliche Genehmigung des Verlages reproduziert oder unter Verwendung elektronischer Systeme verarbeitet werden.

Umschlagfoto vorne: allOver/Jörg Winde
Umschlagfoto hinten: Cornelis Gollhardt, Köln/Stephan Wieland, Düsseldorf
Umschlaggestaltung: Alexander Ziegler, Köln
Redaktion: Stefanie Koch
Lektorat: Alexandra Panz
Produktion: Wolfgang Arntz
Satz: Kalle Giese Grafik, Overath/Achim Münster
Druck: Westermann Druck, Zwickau
Printed in Germany
ISBN 3-8025-1423-8

Besuchen Sie unsere Homepage im WWW:
http://www.vgs.de

Inhalt

5 **Vorwort**

7 *Wäsche waschen, die Umwelt schonen – und dabei noch sparen?*

8 **Richtiges Waschverhalten spart bares Geld**

8 Wischi-Waschi, Cleverle oder Weißkragen?

8 **Preiskampf auf dem Strommarkt**

8 Wie wechselt man den Stromanbieter?

9 **Stromsparen mit dem neuen Waschmittelbaukasten der Hobbythek**

10 So viel Strom können Sie sparen

10 **Moderne Maschinen – weniger Arbeit, weniger Verbrauch?**

12 Wie viel passt in eine Waschmaschine?

12 Umweltschonend waschen – weniger waschen

13 Tipps zum umweltschonenden Waschen – und Sparen!

14 **Teurer Luxus: Wäschetrockner**

16 Sparsamer mit Gas oder Kaltluft

16 Tipps fürs elektrische Trocknen

17 *Der Deutschen neue Kleider*

17 **Pflanzlich, tierisch oder Chemie? Kleine Textilkunde**

17 Pflanzliche Fasern

18 Was heißt hier „Öko"?

20 Tierische Fasern: Seide und Wolle

24 Chemiefasern aus Zellulose

25 Synthetische Fasern

25 Funktionelle Kleidung: Adieu Friesennerz

26 **Knitterfrei und pflegeleicht: die Ausrüstung**

28 **Was verrät das Pflegeetikett?**

29 Pflegesymbole und ihre Bedeutung

30 *Was ist drin im Waschmittel?*

30 **Die Saubermänner: Tenside**

32 Der Abbau von Tensiden

32 **Weiches Wasser – saubere Wäsche: der Enthärter**

33 **Fleck weg dank Bleichmittel**

34 **Enzyme: Heinzelmännchen in der Waschmaschine**

35 **Weißer als Weiß: optische Aufheller**

35 **Schaumregulatoren gegen das „Überschäumen" der Waschmaschine**

35 **Schutz vor dem Vergrauen**

35 **Verfärbungen? Nein danke!**

36 Farbecht oder nicht?

36 **Parfüm für die Wäsche: Wie riecht Sauberkeit?**

37 *Der neue Hobbythek-Wasch-mittelbaukasten*

38 Aus Bawa wird Gruwash

38 **Die einzelnen Bestandteile des Waschmittelbaukastens**

38 Gruwash HT – das Grundwaschmittel

40 Bawos – das Woll- und Feinwaschmittel

41 Die Enzyme der Hobbythek: Biozym SE und Biozym F

41 Proweiß spezial – das umweltschonende Bleichmittel

43 Waweich – der Wasserenthärter

44 Probunt schützt die Farben

44 Prohell für strahlendes Weiß

44 Proweich für weiche Wäsche

45 Kalweg – der effektive Entkalker

46 Duftende Wäsche mit Waschmittelparfüm

46 **Der Waschmittelbaukasten auf einen Blick**

47 **Das neue Vollwaschmittel der Hobbythek**

48 **Waschen mit dem Hobbythek-Baukasten**

49 Tipps zum richtigen Waschen

51 **Flecken entfernen leicht gemacht**

51 Dreck ist nicht gleich Dreck

52 Die Fleckentferner der Hobbythek

53 Weitere Tipps zur Fleckentfernung

54 *Spülen mit dem Hobbythek-Baukasten*

54 Keine Chance für Kaffeeränder

55 **Der Hobbythek-Spülmittel-Baukasten**

56 Kalweg: Frischekur für die Spülmaschine

56 Tipps für umweltschonendes Spülen

57 **Register**

58 **Bezugsquellenverzeichnis**

62 **Dosiertabellen für den Waschmittelbaukasten**

Liebe Leserinnen und Leser,

die Hobbythek brachte zwei mit über 250 000 verkauften Exemplaren sehr erfolgreiche Bücher zum Thema Waschen und Pflegen im Haushalt heraus. Dabei handelt es sich zum einen um *Wäsche waschen – sanft und sauber* und zum anderen um den Titel *Schmutz- und Fleckenalmanach.* Dass es uns da gelungen ist, in einen Bereich einzudringen, in dem die internationalen Waschmittelkonzerne mit unglaublich intensiver Werbung fast alles „von der Platte wischen", ist sicherlich eine tolle Sache und zeigt uns, dass unsere Anregung bei Menschen, die etwas mehr nachdenken, auf fruchtbaren Boden fallen. Hinzu kommt, dass wir natürlich im Laufe der Zeit unseren Waschmittelbaukasten erheblich vereinfacht haben, so dass es heute möglich ist, ohne wesentlich mehr Aufwand als bei Vollwaschmitteln gleiche Resultate zu erzielen, was unserem erklärten Ziel, die Umwelt zu schonen, aber möglichst den Komfort beizubehalten, entgegen kommt.

Es liegt mehr als zwölf Jahre zurück, dass wir von der Hobbythek den ersten Waschmittelbaukasten initiierten, der es von der Waschleistung her mit modernen Waschmitteln aufnehmen konnte. Er ist oft – nicht nur von ökologisch orientierten Organisationen und Verbänden, z. B. der Stiftung Warentest – hochgelobt worden, sowohl was seine Waschkraft als auch was seine umweltschonende Wirkung anbelangt. Wir hatten seinerzeit bewusst darauf verzichtet, ihn auf Seife, d. h. Kern- oder Schmierseife, aufzubauen, weil diese Tenside keineswegs umweltschonender sind als intelligent konzipierte synthetische Waschsubstanzen. Ja, man kann sogar vom Gegenteil sprechen, denn bei gleicher Waschkraft benötigen Seifentenside etwa dreimal mehr Rohstoffeinsatz als die von uns verwendeten. So etwas muss bei der Betrachtung einer Umweltbilanz berücksichtigt werden.

Auch das Argument, Seifen seien natürlich, sticht nicht, denn nirgendwo wächst Kern- oder Schmierseife auf Bäumen; sie muss stets durch energieaufwändiges Kochen von Fetten mit Kali- oder Natronlauge gewonnen werden. Es versteht sich von selbst, dass dies nicht chemiefrei vonstatten geht, wie seinerzeit manche Seifendogmatiker behauptet hatten.

Der Vorteil, dass Seifen aus nachwachsenden Rohstoffen hergestellt werden, zieht bei unserem Hobbythek-Waschmittelbaukasten nicht, denn von Anbeginn haben wir uns darum bemüht, vorwiegend Basissubstanzen zu verwenden, die in der Natur heranwachsen. 95 % des alten Baukastens und im neuen fast 100 % gehen auf solche natürlichen Rohstoffe wie Kokosfett, Zucker, Stärke oder Aminosäuren zurück. Besonders stolz sind wir auf von uns mittlerweile ausschließlich verwendete Tenside wie Fettalkoholsulfate (FAS), Ethersulfate (FAES) und Alkylpolyglucoside (APG). Sie werden in der Natur bzw. in der Kläranlage vollständig zu Wasser und Kohlendioxid zersetzt – ein absolut nachhaltiger Kreislauf also. Hier ist wichtig zu erwähnen, dass bei diesem Zerfall auch keine umweltschädlichen Zwischenprodukte entstehen.

Weiterhin haben wir auch als Schutz vor dem Verkalken einen neuen natürlichen Rohstoff entdeckt: die Polyasparaginsäure. Sie wird biologisch wesentlich besser abgebaut als das bisher verwendete Polyacrylat. Und sie hat noch einen weiteren Vorteil: Sie verhindert nämlich nicht nur die Kalkbildung im Wasser, sondern auch das Vergrauen der Wäsche.

Und endlich konnten wir uns auch einen Traum erfüllen: Wäschewaschen mit einem Minimum an Energieaufwand. Es ist allseits bekannt, dass Wärmeenergie die aufwändigste Energie überhaupt ist, denn obwohl sie die niedrigste Stufe der Energieformen darstellt und zur Arbeitserleichterung des Menschen wenig beiträgt, stellt sie etwa 80 % der in der Moderne eingesetzten Energie dar. Dabei handelt es sich weitgehend um Energie, die die Natur in Jahrmilliarden in Form von Kohle und Erdöl gespeichert hat. Doch diese Energiereserven sind nicht für die Ewigkeit verfügbar, sondern gehen nach und nach zur Neige. Und auch die Kernenergie ist bekanntlich keine dauerhafte Alternative.

Deshalb bleibt uns nichts anderes übrig, als die Nutzung von Wärmeenergie zu optimieren. In dem Zusammenhang ist es ein absolutes Unding, diese Energiereserven in Großkraftwerken zur Erzeugung von Strom ungeheuer aufwändig zu verfeuern und dann bestenfalls ein Drittel der eingesetzten Energie in elektrischen Strom zu verwandeln. Noch schlimmer ist es dann, diesen Strom wieder dazu zu verwenden, Wärme zu erzeugen. Deshalb muss es ein Gebot der Stunde sein, elektrischen Strom nicht zur Erzeugung von Wärme zu nutzen, wie das z. B. bei einem elektrisch betriebenen Durchlauferhitzer der Fall ist. Darüber hinaus sollte es uns aber auch generell ein Anliegen sein, möglichst wenig von diesem aufwändig erzeugten elektrischen Strom zu verbrauchen, d. h. also energiesparend zu haushalten.

Genau dies ermöglicht jetzt unser allerneuester Waschmittelbaukasten – dank eines hochintelligenten Bleichmittels, das bereits bei 30 °C genauso hygienisch wäscht wie die bisherigen Bleichmittel bei 60-90 °C. Es ist wohl müßig zu erwähnen, dass wir natürlich nicht das umweltschädigende Chlor als Bleichsubstanz verwenden, sondern Sauerstoff.

Nun ist gerade die Kochwäsche bei vielen Zeitgenossen deshalb so beliebt, weil sie glauben, damit alle Krankheitskeime zu zerstören, die sich auf der Wäsche niederschlagen können. Das ist aber nur auf den ersten Blick richtig. Tatsächlich kann man bei Temperaturen über 60 °C viele Bakterien und auch bestimmte Viren abtöten, aber es gibt immer noch einige Mikroorganismen, wie beispielsweise bestimmte Mikropilze, die durchaus überleben können. Das ist aber nicht der Fall, wenn aktiver Sauerstoff im Spiel ist, und da unser 30-Grad-Bleichmittel, das sogenannte Proweiß spezial, auf der Bleichkraft des Sauerstoffs beruht, können Sie sicher sein, dass die Wäsche, die bei dieser niedrigeren Temperatur aus der Waschmaschine kommt, wirklich hygienisch sauber ist. Gleichzeitig schonen Sie natürlich auch durch die niedrigen Temperaturen empfindliche Gewebe. Sie schlagen also zwei Fliegen mit einer Klappe: saubere Wäsche und Strom sparen.

Ich möchte Ihr Augenmerk auch noch kurz auf unsere Enzyme lenken, die sich bei handelsüblichen Waschmitteln mit den Tensiden und anderen Waschsubstanzen zusammen im Pulver bzw. im Flüssigwaschmittel befinden. Dies hat zur Folge, dass sie mit der Zeit sehr stark an Wirkung verlieren. Um dem vorzubeugen, geben die Hersteller u. U. von Anfang an mehr Enzyme zu als nötig – eine sinnlose Belastung. Dadurch, dass wir sie getrennt in kleine, selbstauflösende Beutelchen packen, behalten sie jahrelang ihre Leistungsfähigkeit, und Sie können sie nach dem Verschmutzungsgrad dosieren – auch das ist ein großer Vorteil. Vielleicht noch ein Hinweis zum Schluss: Wir verwenden in unserem Baukasten jetzt

Enzyme, die ihre volle Leistung schon bei 30 °C entfalten und nicht wie herkömmliche Enzyme erst bei etwa 50 °C. Sie sind also optimal auf das Waschen bei niedrigen Temperaturen abgestimmt.

Sie sehen also, wir haben uns große Mühe gegeben, leistungsfähige und umweltschonende Waschmittel für Sie zu entwickeln. Und dabei haben mir meine beiden Mitautoren – und Mitdenker! – geholfen: Das ist zunächst einmal die Wissenschaftsjournalistin Monika Pohl, die sich dem Thema nicht nur theoretisch genähert hat, sondern die dank ihrer beiden kleinen Kinder sozusagen täglichen Umgang mit der Schmutzwäsche pflegt – und diese praktischen Erfahrungen natürlich in unser Buch einfließen ließ. Der zweite Co-Autor ist der Waschmittelfachmann Rudolf Weber. Er hat jahrzehntelang in maßgeblicher Position für einen großen Waschmittelhersteller gearbeitet. Rudolf Weber hat sämtliche Rezepturen für unsere neuen Produkte ausgetüftelt und optimiert und so mit dafür gesorgt, dass unser Buch auch „Hand und Fuß" hat.

Ich wünsche Ihnen jetzt viel Spaß beim Lesen unseres meines Erachtens sehr interessanten Buches und vor allen Dingen viel Erfolg beim Waschen!

Ihr

Wäsche waschen, die Umwelt schonen – und dabei noch sparen?

Umweltfreundliches Waschen – ist das möglich? Eigentlich ist es nämlich ein Widerspruch in sich: Strom wird verbraucht, der erzeugt werden muss; Schmutzwasser fällt an, das gereinigt werden muss; und Chemikalien müssen in den Kläranlagen abgebaut werden. Aus diesen Gründen ist das Waschen immer ein Eingriff in den natürlichen Kreislauf. Aber wir können immerhin versuchen, möglichst umweltschonend zu waschen, also die Belastung so gering wie möglich halten.

Dabei hat die Technik in den vergangenen Jahrzehnten enorme Fortschritte gemacht: Waschmaschinen brauchen heutzutage nicht einmal mehr halb so viel Wasser wie noch vor 10 bis 15 Jahren, und auch der Stromverbrauch wurde drastisch gesenkt. Genauso wichtig sind die Entwicklungen auf dem Waschmittelmarkt: Das Phosphat, das für die Überdüngung der Gewässer verantwortlich war, wurde aus den Waschmitteln verbannt, und die Chemie hat moderne Tenside entwickelt, die wesentlich besser biologisch abbaubar sind als die früheren. Hinzu kommt, dass heutzutage viel weniger Waschmittel für einen Waschgang benötigt wird als früher, denn sparsame Kompaktwaschmittel verdrängen immer mehr die veralteten Jumbo-Pakete. Besonders umweltfreundlich sind Waschmittelbaukästen. Zu dieser Einschätzung kommt das Umweltbundesamt in einer Studie zum Waschverhalten in Deutschland. Leider waschen erst etwa 5 % aller deutschen Haushalte mit diesem umweltfreundlichen System, das es ermöglicht, die einzelnen Zutaten individuell zu dosieren. Obwohl Waschmittel heute sparsamer verwendet werden als noch vor 10 Jahren, ist die Menge, die in Deutschland durch den Abfluss fließt, immer noch unvorstellbar groß: Rund 700 000 Tonnen Waschmittel verbrauchen wir jedes Jahr, um unsere insgesamt fast 18 Millionen Tonnen Schmutzwäsche zu säubern – ein Riesenberg von Schmutz und Chemikalien also, der in den Kläranlagen aus dem Wasser herausgefiltert, von Mikroorganismen abgebaut bzw. mit dem Klärschlamm entsorgt werden muss. Möglichst umweltschonendes Waschen ist also enorm wichtig, um die Belastung unserer Umwelt so gering wie möglich zu halten.

Abb. 1: Der tägliche Korb Schmutzwäsche: Wer Kinder hat, kann sich nicht über mangelnde Wäsche beklagen. Um so wichtiger ist es, so umweltschonend wie möglich zu waschen.

Richtiges Waschverhalten spart bares Geld

Dass der Umweltschutz in diesem Fall aber nicht teuer sein muss, sondern im Gegenteil sogar Geld spart, zeigt eine Untersuchung des Öko-Instituts Freiburg, welches im Auftrag des Umweltbundesamtes das Waschverhalten in verschiedenen Haushalten untersucht hat: Wischi-Waschi, Cleverle und Weißkragen.

Preiskampf auf dem Strommarkt

Neben energiesparendem Haushalten gibt es aber noch eine andere Möglichkeit, in puncto Strom die Umwelt zu schonen: Ökostrom. Der Preiskampf auf dem Strommarkt hat dazu geführt, dass auch Ökostrom aus regenerativen Quellen wie Sonnenenergie, Windenergie oder Wasserkraft wesentlich günstiger geworden ist als noch vor 1 bis 2 Jahren. Zwar kann der umweltfreundlich erzeugte Strom kostenmäßig nicht mit den absoluten Preisbrechern mithalten, die Billigstrom aus Kernenergie oder Kohlekraftwerken anbieten, aber sehr viel teurer ist er nicht mehr. Nimmt man beispielsweise einen 4-Personen-Haushalt, der pro Jahr durchschnittlich 4000 kWh Strom verbraucht, so zahlt dieser bei einem konventionellen Anbieter derzeit rund 1000 DM im Jahr. Für Ökostrom würde die selbe Familie etwa 100 bis 200 DM mehr zahlen. Es gibt sogar schon Ökostrom-Anbieter, die ihren umweltfreundlich erzeugten Strom zu noch günstigeren Tarifen verkaufen, so dass die

Wischi-Waschi, Cleverle oder Weißkragen?

Untersucht wurde das Waschverhalten in den drei fiktiven Familien „Weißkragen", „Wischi-Waschi" und „Cleverle".

Bei Familie „Weißkragen" wird die Waschmaschine schon angeworfen, wenn die Trommel noch nicht richtig voll ist; zum Waschen wird reichlich Vollwaschmittel – dosiert für stark verschmutzte Wäsche – verwendet; Unterwäsche wird bei 90 °C „gekocht", und nach dem Waschen pustet der Wäschetrockner die Wäsche schranktrocken.

Familie Nummer 2, die deutsche Durchschnittsfamilie, genannt „Wischi-Waschi", wäscht mit Kompaktwaschmittel und normaler Dosierung, nur hin und wieder läuft der Wäschetrockner.

Familie „Cleverle" schaltet die Waschmaschine nicht an, bevor die Trommel nicht mit den angegebenen 4 kg Schmutzwäsche befüllt ist, verwendet ein umweltschonendes Baukastenwaschmittel und dosiert dies nach der niedrigsten Verschmutzungsstufe. Danach wird die Wäsche an der Luft getrocknet. Außerdem läuft die Waschmaschine generell seltener als in den beiden vorher beschriebenen Haushalten. Das liegt aber nicht daran, dass Familie „Cleverle" etwa

unhygienischer wäre, vielmehr werden Hemden, Blusen, Pullover, Hosen und Röcke bei der Haus- oder Gartenarbeit durch Schürzen oder spezielle Arbeitskleidung geschont und wandern deshalb seltener in die Waschmaschine.

Das Ergebnis der Untersuchung: Obwohl Familie „Cleverle" mit einem teuren Baukastenwaschmittel wäscht, zahlt sie im Jahresdurchschnitt wesentlich weniger fürs Waschen als die beiden anderen Haushalte, nämlich 190 DM. Das ist nur etwa halb so viel wie die Durchschnittsfamilie „Wischi-Waschi", die auf 390 DM im Jahr für Waschmittel, Energie und Wasser kommt. Familie „Weißkragen" bezahlt für die saubere Wäsche sogar 640 DM im Jahr.

Schaut man sich den Energieverbrauch in den drei Haushalten an, wird das Ganze noch deutlicher: Während Familie „Cleverle" mit 37,6 Kilowattstunden (kWh) auskommt, braucht Familie „Wischi-Waschi" immerhin fast das 5fache (176,5 kWh) und Familie „Weißkragen" gar mehr als das 13fache an Strom (514,80 kWh). Umweltschutz zahlt sich also nicht nur fürs gute Gewissen aus, sondern kann auch Geld sparen.

Jahresabrechnung sogar unter 1000 DM bliebe. Ein Preisvergleich lohnt also!

Wie wechselt man den Stromanbieter?

Der Wille zum Wechseln ist da, aber die Angst, die Leitung zum bisherigen Mono-

polisten zu „kappen", ist groß. Was, wenn der gewählte Stromanbieter sich verkalkuliert hat und Konkurs anmeldet? Gehen dann die Lichter aus? Zur Beruhigung: Ihr zuständiges Stadtwerk ist gesetzlich verpflichtet, Sie in einem solchen Notfall mit Strom zu versorgen. Allerdings kann es passieren, dass dann ein neuer Vertrag

Abb. 2: Ökostrom aus regenerativen Quellen wie Windenergie ist heute wesentlich günstiger als noch vor ein paar Jahren.

ausgehandelt wird, der für Sie unter Umständen ungünstigere Konditionen enthält als ihr bisheriger. Erkundigen Sie sich zur Vorsicht beim alten Energieversorger nach den Rückkehr-Bedingungen.
Die zweite wichtige Frage: Wann muss ich bei meinem bisherigen Energieunternehmen kündigen? In der Regel gar nicht, denn das erledigt Ihr neuer Stromanbieter für Sie. Erkundigen Sie sich aber auch hier zuvor bei Ihrem alten Energieversorger. Probleme kann es geben, wenn Sie mit diesem längerfristige Verträge, z. B. über 5 Jahre, abgeschlossen haben; diese sind in der Regel nicht vor dem Ablauf kündbar.

Auch wenn Sie in einer Mietwohnung leben, können Sie den Stromanbieter wechseln – vorausgesetzt, Ihre Wohnung hat einen eigenen Stromzähler. Die Erlaubnis des Vermieters ist dazu nicht erforderlich, man sollte ihn jedoch vor dem Wechsel informieren.
In einigen Fällen kann es passieren, dass Sie vorerst weiterhin vom bisherigen Energieversorger beliefert werden, aber die unter Umständen günstigeren Tarife Ihres neuen Lieferanten zahlen. Grund dafür kann sein, dass der neue Anbieter noch keine Genehmigung eines „alten" Anbieters hat, seinen Strom durch dessen Leitung fließen zu lassen, sich aber schon ein-

mal Kunden sichern möchte. Sie sollten dabei auf die Vertragsvereinbarungen achten, denn nicht alle zahlen die Differenz zur alten Stromrechnung: Bei manchen kleinen Anbietern können Sie zwar jetzt schon einen Vertrag abschließen, aber bis Strom geliefert wird, zahlen Sie Ihren bisherigen Tarif.
Beim Preisvergleich ist nicht nur der Kilowattpreis wichtig, sondern auch die übrigen Rahmenbedingungen, also ob und in welcher Höhe Grundgebühren oder Bearbeitungskosten anfallen, ob es spezielle Vereinbarungen für Familien oder günstigere Nachttarife gibt etc. Als Faustregel gilt: Singles und Pärchen mit niedrigem Stromverbrauch sollten auf einen möglichst niedrigen Grundpreis achten, den die Stromanbieter pro Monat erheben. Für Familien mit einem höheren Stromverbrauch ist dagegen der Arbeitspreis pro Kilowattstunde interessanter. Er enthält z. B. die o. g. Durchleitungsgebühr, Steuern und Abgaben an die Gemeinde. Ein möglichst niedriger Arbeitspreis führt zu niedrigeren Kilowatt-Preisen und hat somit für Vielverbraucher einen größeren Einfluss auf die Stromrechnung als der Grundpreis.

Stromsparen mit dem neuen Waschmittelbaukasten der Hobbythek

Mit unserem Hobbythek-Waschmittelbaukasten oder unserem neuen **Vollwaschmittel HT** (siehe *Seite 47*) können Sie

Ihren Stromverbrauch um einiges senken und somit die etwas höheren Kosten für umweltschonend erzeugten Strom wieder ausgleichen. Denn mit den Hobbythek-Waschmitteln wird die Wäsche jetzt schon bei 30 – 40 °C hygienisch sauber. Die 60-Grad-Wäsche ist nur noch im Ausnahmefall bei sehr starker Verschmutzung nötig, und das 95-Grad-Programm ist völlig überflüssig – selbst bei Unterwäsche, Handtüchern oder Bettwäsche. Das macht unser neues Bleichmittel **Proweiß spezial** (siehe *Seite 42*) möglich, das die gleiche Leistung wie herkömmliche Bleiche bringt – allerdings schon bei lauen 30 °C. Dies haben wir in umfangreichen Tests im Krefelder Wäschereiforschungsinstitut genau untersuchen lassen.

Unser neuer Baukasten mit dem Grundwaschmittel Gruwash HT, Proweiß spezial und Biozym SE musste im 30-Grad-Waschgang gegen unseren bewährten Klassiker mit Bawa, Proweiß super und Biozym SE antreten, um zu beweisen, dass er tatsächlich die 60-Grad-Wäsche ersetzen kann und dabei Schmutz und Flecken gut entfernt.

Das Ergebnis der Waschtests: Unser neues Gruwash HT wäscht bei 30 °C ebenso gründlich wie unser altes Bawa bei 60 °C. Normaler Hautschmutz und sogar hartnäckige Teeränder, Rotwein-, Obst- und Grasflecken werden sehr gut entfernt. Einziger Schwachpunkt sind Lippenstift- und eventuell Curryflecken. Wir denken aber, dass wir dies akzeptieren können, denn solche Verschmutzungen sollte man ohnehin vorbehandeln statt gleich eine ganze Waschmaschinenfüllung mit unnötig heißem Wasser bzw. mehr Waschmittel zu

waschen. Lippenstift lässt sich mit unserem Fleckenentferner **Orafleck HT** (siehe *Seite 52*) entfernen; Curryflecken können Sie mit unserem **Proweiß spezial** (siehe *Seite 52*) ausbleichen.

So viel Strom können Sie sparen

Um Ihnen zu verdeutlichen, wie viel Strom Sie mit unserem neuen Proweiß spezial sparen können, haben wir die Stromverbräuche bei verschiedenen Waschtemperaturen einmal aufgelistet. Voraussetzung: Sie waschen mit voller Trommel (4 kg).

Temperatur	Verbrauch/Waschgang
30 °C	0,2 kWh
40 °C	0,4 kWh
60 °C	1,0 kWh
90 °C	1,8 kWh

Bei einem durchschnittlichen Strompreis von rund 28 Pfennig pro Kilowattstunde kostet die 30-Grad-Wäsche also 5,6 Pfennig pro Waschgang. Für energiefressende 90-Grad-Wäsche zahlen Sie dagegen 50,4 Pfennig, und die 60-Grad-Wäsche kostet immerhin noch 28 Pfennig. Mit unserem neuen Proweiß spezial können Sie also den Stromverbrauch und die Stromkosten auf ein Bruchteil dessen zurückschrauben, was sie bisher fürs Waschen benötigt haben.

Für die deutsche Durchschnittsfamilie „Wischi-Waschi", die in der Regel noch 45 % ihrer Wäsche bei 60 °C und 15 % bei 90 °C wäscht, würde der Energieverbrauch um fast 80 % sinken, vorausgesetzt die

Waschmaschine wird mit 4 kg Wäsche gefüllt. Statt der bisher für die Waschmaschine verbrauchten rund 122 kWh im Jahr würden dann nur noch 25 Kilowattstunden Strom benötigt. Ersparnis: 97 kWh. Und selbst die umweltbewusste Familie „Cleverle", die ohnehin auf den 90-Grad-Waschgang verzichtet und statt dessen 25 % ihrer Wäsche mit 60 °C wäscht, könnte noch mal rund 19 Kilowattstunden pro Jahr, also gut die Hälfte ihres bisherigen Verbrauchs, einsparen, wenn sie die Waschtemperatur generell auf 30 °C begrenzen und nur im Ausnahmefall 60 °C wählen würde.

Treiben wir die Rechnung noch ein bisschen weiter: Wenn sich in allen ca. 35 Millionen deutschen Haushalten die 30-Grad-Wäsche durchsetzen würde, könnten wir im Jahr fast 3,5 Milliarden kWh Energie sparen. Mit dieser Energiemenge könnte man etwa 2,5 Millionen Menschen, also alle Privathaushalte einer Großstadt wie Hamburg, ein Jahr lang mit Strom versorgen.

Moderne Maschinen – weniger Arbeit, weniger Verbrauch?

Unsere Großmütter schlugen, schrubbten und rubbelten die Wäsche noch im Schweiße ihres Angesichts mit klammen Fingern im Waschbottich oder gar im Fluss sauber; anschließend wurde sie gewrungen, auf dem Rasen gebleicht, gestärkt, gemangelt und gebügelt. Wie gut geht es uns doch heute, möchte man meinen: Ein bisschen sortieren, rein in die Waschmaschine, dann in den Trockner, falten und einsortieren – fertig!

Sicher, das Waschen ist einfacher geworden, aber Zeit sparen wir dabei trotzdem nicht. Wie das Öko-Institut in seiner Produktlinienanalyse „Waschen und Waschmittel" feststellt: „... ist der Zeitaufwand für die Wäsche trotz Einführung der Waschmaschine in den letzten vier Jahrzehnten in etwa gleich geblieben." Dafür gibt es einen einfachen Grund: Die anfallende Schmutzwäsche hat sich in dieser Zeit nämlich verdoppelt. 1960 wurden in einem deutschen Durchschnittshaushalt 277 kg Wäsche gewaschen, heute sind es rund 550 kg.

Das liegt vor allem daran, dass sich die Tragegewohnheiten gewandelt haben: Akzeptierte man früher im Gedanken an die Mühe, die das Wäschewaschen machte, auch schon mal leicht angeschmutzte Kleidung, gilt heute bereits ein einziger Fleck als nicht mehr tragbar. Im gleichen Maße, wie uns moderne Haushaltsgeräte die Arbeit erleichtert haben, sind die Anforderungen an das Aussehen der Kleidung gestiegen. Tragespuren wie leichte Knitterfalten werden nicht mehr toleriert, und bevor man sich die Mühe macht, Bluse oder Hemd auszulüften und aufzubügeln, werden sie in vielen Fällen gleich in den Wäschekorb geworfen. Wäsche wird heute also schon gewaschen, bevor dies aus hygienischer Sicht notwendig wäre. Eine Ausnahme ist dabei interessanterweise die Unterwäsche. Vor allem der Durchschnitt der deutschen Männer verhält sich dabei sehr „wäscheschonend" und greift nur alle 3,5 Tage zur frischen Unterhose. Oberhemden, Blusen, T-Shirts usw., der sichtbare Teil der Bekleidung also, wird dagegen in der Regel schon nach eintägigem Tragen zur Schmutzwäsche gelegt.

Ein weiterer Grund für das häufigere Waschen ist die Befüllung der Maschine. Untersuchungen zeigen, dass 1960 die Trommel noch mit gut 4 kg Wäsche gefüllt wurde, heute sind es dagegen nur noch knapp 3 kg, die pro Waschgang gewaschen werden. Hier drücken einerseits die pflegeleichten Textilien, die mit hohem Wasserstand und niedriger Befüllung gewaschen werden, auf die Statistik, denn der Anteil dieser Gewebe aus Synthesefasern hat deutlich zugenommen; andererseits wird auch bei normaler Bunt- oder Weißwäsche die Trommel nicht mehr richtig voll gemacht.

Abb. 3: *Hier eine typische Waschküche um 1920: Bevor die Wäsche im Waschkessel gekocht wird, wird sie in einem Zuber eingeweicht. Dann wird die gekochte Wäsche auf einem Waschbrett mit Seife und Bürste bearbeitet und zum Schluss ausgespült.*

WIE VIEL PASST IN EINE WASCHMASCHINE?

In die Trommel der meisten modernen Waschmaschinen passen 4,5 bis 5 kg trockene Schmutzwäsche hinein. Einige Geräte sind mit einer eingebauten Waage ausgestattet, die den Befüllungsgrad der Trommel angibt – eine sehr sinnvolle Einrichtung, die das umweltschonende Waschen erleichtert, denn das Fassungsvermögen der Waschmaschine wird oft unterschätzt. Zur Verdeutlichung: In eine Trommel passen beispielsweise:

- 2 Bettbezüge
- 2 Kopfkissenbezüge
- 2 Bettlaken
- 1 Badetuch aus Frottierstoff (120 x 60 cm)
- 6 Frottierhandtücher (100 x 50 cm)

Wäschegewicht in diesem Fall: ca. 4,5 kg

Um das Fassungsvermögen der Trommel voll auszunutzen, ist es wichtig, die Wäschestücke einzeln locker hinein zu legen; bei einer gut gefüllten Trommel sollte oben noch eine Handbreit Platz sein, damit sich die Wäsche beim Waschen gut bewegen kann. Wird die Trommel dagegen überfüllt, wird die Wäsche nicht richtig sauber.

Umweltschonend waschen – weniger waschen

Umweltschonendes Waschen bedeutet nicht nur, ein möglichst umweltgerechtes Waschmittel zu verwenden, sondern auch, die eigenen Trage- und Waschgewohnheiten einmal kritisch zu überdenken: Muss eine leicht angeknitterte Bluse wirklich nach einmaligem Tragen gewaschen werden? Muss Nutzwäsche wie Babylätzchen, Küchenhandtücher etc. wirklich strahlend weiß und fleckenlos sauber sein? Lässt sich ein einzelner Fleck nicht entfernen, ohne gleich die ganze Hose zu waschen? Solche „Eingeständnisse" in Sachen Sauberkeit sollen natürlich nicht zu Lasten der Hygiene gehen: Bei verschwitzter Kleidung beispielsweise hilft auch kein Auslüften, da muss dann schon die Waschmaschine ran. Nikotingestank, Küchengerüche oder andere „Duftschwaden" verschwinden dagegen über Nacht, wenn das Kleidungsstück auf einem Kleiderbügel „ausdünsten" kann – am besten an der frischen Luft. Synthesefasern wie Polyacryl, Polyester, Polyamid u. a. nehmen Schweißgerüche sehr viel schneller an als Naturfasern wie Baumwolle, Leinen, Schurwolle etc. und müssen deshalb unter Umständen wirklich nach einmaligem Tragen gewaschen werden. Wenn Sie also zu starkem Schwitzen neigen, sollten Sie auf solche Kunstfasern verzichten und möglichst nur Kleidung aus Naturfasern tragen.

Wäsche-Deo mit Odex HT

Wer nicht die Möglichkeit hat, seine Kleidung an der frischen Luft auszulüften, kann sich mit einem geruchstilgenden Wä-

Abb. 4: In eine Trommel passen z. B. 2 Bettbezüge, 2 Kopfkissenbezüge, 2 Bettlaken, 1 Badetuch und 6 Handtücher.

schedeo behelfen. Dazu verwenden wir **Odex HT**, das aus kaltgepresstem und destilliertem Öl der Orangenschale besteht. Orangenöl ist ein sehr wirksamer Geruchsfresser und hemmt das Wachstum von Bakterien.

> 2 knappe Messl. (5 g) Odex HT
> 1,5 Messl. LV 41
> 20 ml Kosmetisches Haarwasser
> 70 ml destilliertes oder
> abgekochtes Wasser

Verrühren Sie das Odex mit dem Emulgator LV 41. Dieser sorgt dafür, dass sich das Orangenöl im Wasser gut auflöst und nicht als Fettaugen obenauf schwimmt. Diese Mischung ins Kosmetische Haarwasser (95 %iger, vergällter Alkohol) einrühren und das Wasser zugeben. Dadurch wird die Lösung trüb – ein Indiz dafür, dass eine Emulsion entstanden ist, in der sich das Odex gut gelöst hat. Diese Flüssigkeit können Sie dann in eine kleine Pumpflasche füllen und „verräucherte" oder muffige Kleidungsstücke bzw. Teppiche, Sofas, Hundekörbchen, Autositze etc. damit einsprühen. Empfindliche Seiden- oder auch Viskosekleidung sollten Sie nicht damit behandeln, denn das könnte unter Umständen Flecken geben.

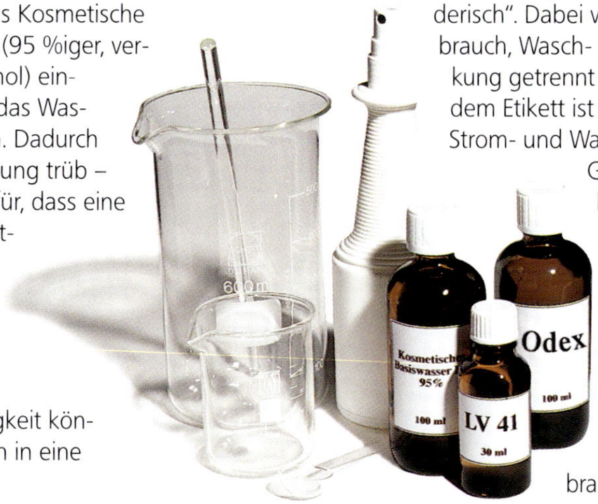

Abb. 5: Unser Wäschedeo tilgt unangenehme Gerüche aus der Kleidung. Sie können aber auch Autositze, Teppiche, Polstermöbel oder Hundekörbchen damit behandeln.

Tipps zum umweltschonenden Waschen – und Sparen!

● Seit 1998 sind elektrische Haushaltsgeräte, also auch Waschmaschinen, mit einem Aufkleber (siehe *Seite 14*) versehen, der das Gerät in eine Energie-Verbrauchsklasse eingruppiert. Die Abstufung geht von „A" für „energiesparend" bis „G" für „grauenhaft verschwenderisch". Dabei werden Energieverbrauch, Wasch- und Schleuderwirkung getrennt bewertet. Auf dem Etikett ist außerdem der Strom- und Wasserverbrauch des Gerätes angegeben. Sie sollten beim Neukauf auf diese Angaben achten und sich für eine Waschmaschine entscheiden, die zumindest beim Energieverbrauch den Anforderungen der Stufe „A" entspricht. Das schont nicht nur die Umwelt, sondern spart auf längere Sicht gesehen auch Geld, selbst wenn der Kaufpreis einer solchen Waschmaschine unter Umständen etwas höher ist. Sparsame Waschmaschinen brauchen für einen normalen 60-Grad-Waschgang bei einer Beladung von 5 kg Wäsche weniger als 1 kWh Strom und unter 50 l Wasser. Bei einer durchschnittlichen Lebensdauer von 15 Jahren summieren sich die Strom- und Wasserkosten, die in dieser Zeit anfallen, bei einer sparsamen Maschine auf etwa 1350 DM. Eine Maschine mit hohem Verbrauch, z. B. Klasse „E", verbraucht dagegen Energie für über 2300 DM. Mit anderen Worten: Billige Waschmaschinen können auf Dauer ganz schön teuer werden. Eine Liste besonders sparsamer Haushaltsgeräte können Sie gegen 5 DM in Briefmarken beim Bund der Energieverbraucher, Grabenstr. 17, 53619 Rheinbreitbach, Tel. 0 22 24-9 22 70 bestellen.

● Schließen Sie Ihre Waschmaschine an den Warmwasseranschluss an. Viele moderne Geräte haben einen solchen Anschluss, ältere Geräte ohne Warmwasseranschluss können in der Regel nachgerüstet werden. Fragen Sie im Fachhandel nach. Das spart Energie, denn um das einlaufende Wasser auf die richtige Temperatur zu bringen, brauchen Wasch-, aber auch Spülmaschinen am meisten Strom. Eine moderne Gas- oder Ölheizung macht das wesentlich wirtschaftlicher. Sie braucht nur etwa ein Drittel der Energie, die eine Waschmaschine oder ein elektrischer Durchlauferhitzer zur Erwärmung des Wassers benötigt. Das Erzeugen von Wärme ist generell das Energieaufwändigste, was Sie mit Strom anstellen können.

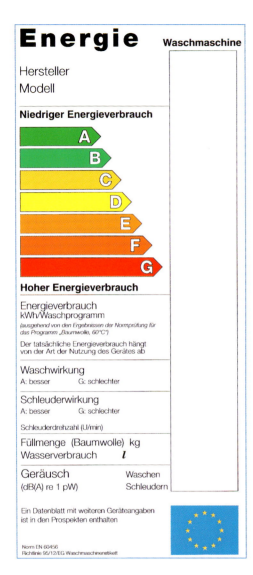

Abb. 6: Achten Sie beim Kauf einer neuen Waschmaschine auf das Energielabel. A steht für „sparsam", G für „grauenhaft verschwenderisch".

- Nicht „vorbeugend" einen Schonwaschgang einschalten. Dabei wird wesentlich mehr Wasser und Strom verbraucht als im normalen Waschprogramm.
- Wenn Sie Ihre Wäsche draußen auf der Leine trocknen, können Sie eine niedrigere Schleuderfrequenz wählen. Das spart Strom. Wäsche, die nach dem Waschen in den Wäschetrockner kommt, sollte dagegen mit der höchstmöglichen Umdrehungszahl (mindestens 1000 U/min) geschleudert werden, um sie möglichst gut zu entwässern.
- Auch beim Waschen gibt es eine „Rush hour", und zwar werktags von 8 bis 12 Uhr und von 16 bis 19 Uhr. In dieser Zeit wird in Deutschland der meiste Strom verbraucht, die Kraftwerkskapazitäten sind voll ausgelastet. Bei einer zusätzlichen Belastung müssen diese Kapazitäten unter Umständen hochgefahren werden. Es empfiehlt sich also, mit der großen Wäsche auf andere Zeiten auszuweichen. Das kann sich sogar finanziell bemerkbar machen, dann nämlich, wenn die Stromanbieter – ähnlich wie die Telefongesellschaften – günstige „Nacht- oder Feiertagstarife" anbieten. Auch in den Kläranlagen gibt es solche Stoßzeiten: Am Montagmorgen werden offenbar überall in Deutschland die Waschmaschinen angeworfen – entsprechend groß ist die Abwasserflut, die sich allerorten in die Klärbecken ergießt. Auch hier gilt: Lieber einen anderen Zeitpunkt wählen. Vielleicht scheinen Ihnen solche Tipps wie „Rosinenpickerei", doch bei über 80 Millionen Bundesbürgern bzw. 35 Millionen Haushalten macht es sich schon bemerkbar, wenn sich auch beim Waschen ein umweltschonendes Verhalten durchsetzt
- Wenn Ihre Waschmaschine nach vielen Jahren den Dienst endgültig verweigert, können Sie sie entweder von der Stadtreinigung entsorgen lassen – Informationen dazu gibt es in der Regel beim städtischen Fuhramt – oder von einem professionellen Entsorger. Manche Hersteller bieten darüber hinaus beim Kauf eines Neugerätes die Rücknahme der alten Maschine an – allerdings nicht immer kostenlos.

Teurer Luxus: Wäschetrockner

Wäschetrockner sind Luxusgeräte, die sehr viel Strom verbrauchen. Um 5 kg Wäsche schranktrocken zu bekommen, brauchen selbst relativ sparsame Geräte um die 3,5 Kilowattstunden (kWh) Strom, das ist 3,5-mal so viel wie eine gängige Waschmaschine für die 60-Grad-Wäsche benötigt. Zu den Anschaffungskosten des Trockners kommen also während seiner kalkulierten 15-jährigen Lebensdauer noch einmal etwa 2500 DM an Stromkosten hinzu. Trotzdem steht mittlerweile bereits in jedem dritten westdeutschen Haushalt ein solches Gerät, in Ostdeutschland sind es noch wesentlich weniger.
Natürlich gibt es eine ganze Reihe von Gründen, die für den Kauf eines Trockners sprechen. An erster Stelle ist dies die Arbeitserleichterung, denn das zeitraubende Auf- und Abhängen der Wäsche entfällt

Abb. 7: Wer keinen Keller hat, stolpert unter Umständen ständig über das Wäschereck.

und in den meisten Fällen auch das Bügeln. Das ist vor allem in Familien mit Kindern der häufigste Grund für die Anschaffung. Hinzu kommt, dass der Platz zum Aufstellen eines Wäscherecks oder gar für das Anbringen von Wäscheleinen in vielen Haushalten fehlt. Wer in einer Etagenwohnung ohne Waschkeller wohnt, hat kaum eine Möglichkeit, seine Wäsche zu trocknen, ohne dabei ständig über das Wäschereck zu stolpern.

Wer aus diesen Gründen zu der Überzeugung gekommen ist, nicht ohne Trockner auszukommen, sollte sich zumindest für ein verhältnismäßig sparsames Gerät entscheiden. Je nach Bauart gibt es dabei nämlich erhebliche Unterschiede. Am weitesten verbreitet sind zwei Typen: der Ablufttrockner und der Kondensationstrockner.

Ablufttrockner erkennt man am Schlauch, durch den die feuchte Luft nach draußen abgeführt wird. In Kondensationstrocknern kühlt die warme Luft dagegen nach dem Gebrauch wieder ab, dabei schlägt sich das gebundene Wasser nieder und wird abgepumpt. Ablufttrockner sind billiger und fressen in der Regel weniger Strom als herkömmliche Kondensationstrockner. Es gibt allerdings mittlerweile Kondensationstrockner, die mit einer energiesparenden Wärmepumpe ausgestattet sind. Dabei geht die erzeugte Wärme nicht beim Abkühlen verloren, sondern wird im Gerät gespeichert und für den Trocknungsprozess weiter verwendet. Solche Trockner brauchen nur noch halb so viel Energie wie herkömmliche. Relativ neu auf dem Markt sind auch Trockner, die sich auf Kaltluftbetrieb umschalten lassen.

Neben diesen beiden Typen von Trommeltrocknern gibt es noch eine dritte Variante, die so genannten Schranktrockner, in denen die feuchte Wäsche nicht herum gewirbelt wird, sondern schön ordentlich auf Bügel gehängt bzw. auf Einlegeroste gelegt wird. Solche Trockenschränke können ebenfalls mit Kaltluft betrieben werden und sind dann besonders sparsam, d. h. sie brauchen etwa so viel Strom wie eine Waschmaschine. In modernen Schranktrocknern trocknet die Wäsche im kalten Luftstrom innerhalb von 4 bis 6 Stunden. Man kann auch auf Warmluftbetrieb umschalten, der bei herkömmlichen Schranktrocknern allerdings noch mehr Strom „frisst" als Kondensations- und Ablufttrockner. Es gibt aber mittlerweile Geräte, die auch bei Warmluftbetrieb verhältnismäßig energiesparend sind.

Besonders viel Strom brauchen Waschtrockner, in denen die Wäsche zunächst gewaschen und anschließend getrocknet wird.

Abb. 8:
Ein solcher Schranktrockner ist verhältnismäßig sparsam. In ihm wird die feuchte Wäsche nicht herumgewirbelt, sondern zum Trocknen ordentlich auf Bügel gehängt oder auf Roste gelegt.

SPARSAMER MIT GAS ODER KALTLUFT

Seit kurzem sind zwei ganz neue Typen von Wäschetrocknern auf dem Markt, die wesentlich sparsamer sind als die herkömmlichen. Zum einen ist das ein gasbetriebener Wäschetrockner, der direkt an die Gasleitung angeschlossen wird und nach dem Prinzip einer kleinen Gasheizung funktioniert: Er hat einen eigenen Brenner. Die Luft wird dabei um die Brennkammer geführt, erwärmt und trocknet anschließend die feuchte Wäsche. Ein solcher gasbetriebener Trockner braucht nur noch 0,25 kWh Strom – also so viel wie eine Waschmaschine für die 30-Grad-Wäsche – und um die 0,4 m³ Gas (ca. 40 DM im Jahr).

Eine zweite Neuentwicklung ist der Raumlufttrockner. Dieser trocknet die Wäsche nicht in seiner Trommel, sondern erwärmt die Luft in einem Raum, in dem die Wäsche zum Trocknen aufgehängt wurde. Das Prinzip: Der Trockner bläst warme Luft in den Raum zwischen die Wäsche und saugt über einen Ventilator gleichzeitig die feuchte Luft an. Diese feuchte Luft wird dann über den Verdampfer einer Wärmepumpe auf etwa 5 °C abgekühlt. Damit wird der Taupunkt unterschritten, d. h. die Luft verliert ihre Fähigkeit, Feuchtigkeit zu binden, das Wasser kondensiert also und läuft ab. Dann wird die derart „entwässerte" Luft wieder erwärmt und in den Raum zurückgepustet. Mit diesem neuen Trockner können bis zu 25 kg Wäsche gleichzeitig getrocknet werden, er eignet sich also beispielsweise für Mehrfamilienhäuser mit einem Trockenkeller. Stromverbrauch für einen Durchlauf: 0,4 kWh. Leider ist das Gerät derzeit noch recht teuer. Inklusive Montage kostet der Trockner zwischen 3500 DM (reicht für bis zu 3 Haushalte) und 6000 DM (für Mehrfamilienhäuser).

Abb. 9: Ganz neu auf dem Markt sind Gastrockner: Sie haben einen eigenen Brenner, der ein Gas-Luft-Gemisch verbrennt. Die Luft, die um die Brennkammer strömt, erwärmt sich beim Betrieb und wird zum Trocknen der Wäsche in die Trommel geführt.

Tipps fürs elektrische Trocknen

- Wer einen Trockner verwendet, sollte die Wäsche vorher mit mindestens 1000 Umdrehungen pro Minute schleudern. Wenn Ihre Maschine das nicht schafft, ist es eventuell ratsam, sich eine herkömmliche Wäscheschleuder zusätzlich anzuschaffen, denn ein Wäschetrockner braucht 40-mal mehr Energie, um 1 Liter Wasser aus der Wäsche zu entfernen, als eine Schleuder.
- Auch Trockner sollten immer gut gefüllt sein, denn halbvoll braucht das Gerät nicht etwa halb so viel Strom wie im Volllastbetrieb, sondern nur ein Drittel weniger.
- Nach jedem Gebrauch sollte der Luftfilter gesäubert werden, denn sonst verliert der Trockner unter Umständen an Leistung.
- Auch wer einen Trockner besitzt, sollte im Sommer die Wäsche wenn möglich an der Luft trocknen.

DER MANN IM HAUS...

Die Gesellschaft für Konsumforschung hat jetzt wieder einmal eine altbekannte „Weisheit" bestätigt: An der herkömmlichen Arbeitsverteilung in der Familie hat sich in den letzten Jahrzehnten nicht viel geändert. Selbst in Familien mit berufstätigen Müttern wird das Gros der Hausarbeit von den Frauen erledigt. Dabei rangieren Waschen und Bügeln bei den Männern auf der Beliebtheitsskala ganz weit unten. Nur 10 % helfen bei der Wäsche, und nur 8 % nehmen hin und wieder ein Bügeleisen in die Hand. Und das gilt nicht nur für Väter und Großväter: 91 % der 15-20-Jährigen gestanden, noch nie eine Waschmaschine bedient zu haben. Hier liegt also noch einiges an Potenzial brach, das es zum Zwecke der Arbeitsentlastung zu nutzen gilt – nach dem Motto: Der (hilfsbereite) Mann im Haus erspart den Wäschetrockner.

Der Deutschen neue Kleider

Jeder Deutsche gibt ca. 1600 DM pro Jahr für die Mode aus. Etwa 11 kg Kleidung werden jährlich „verbraucht", d. h. gekauft und weggeworfen oder anderweitig entsorgt. Durchschnittlich werden Textilien 3-5 Jahre lang getragen.

Pflanzlich, tierisch oder Chemie? Kleine Textilkunde

Baumwolle ist nach wie vor der am häufigsten verwendete Stoff für Hemden, Blusen, T-Shirts oder Bettwäsche. Allerdings steigt der Anteil der Chemiefasern im Vergleich zu den Naturstoffen seit Jahren. Heute besteht mehr als die Hälfte aller Textilien, die in Deutschland verkauft werden, aus solchen „Kunstfasern".
Bei Chemiefasern unterscheidet man zwischen synthetischen Fasern aus Erdölchemikalien und solchen, die aus Zellulose hergestellt werden. In beiden Fällen wird das flüssige Ausgangsmaterial durch feine Düsen gepresst und dann zu Fäden versponnen. Naturstoffe teilt man ebenfalls in zwei Gruppen ein, und zwar in pflanzliche und tierische Fasern. Daneben gibt es

natürlich eine Reihe von Fasermischungen und eine Vielzahl neuer funktioneller Stoffe, die aus so genannten Mikrofasern hergestellt werden und in die windundurchlässige Membranen wie GoreTex oder Sympatex integriert sind.

Pflanzliche Fasern

Baumwolle
Für Baumwollgewebe werden die Samenhaare der Baumwollpflanze verwendet, die aus Zellulose bestehen. Neben der weißen gibt es mittlerweile auch farbig gewachsene Baumwolle, und zwar grüne und hellbraune; die Züchtung weiterer Farben ist

im Gange. Besonders hochwertige, weil langfaserige, Baumwolle aus Ägypten nennt man übrigens Makobaumwolle. Baumwolle ist sehr saugfähig und atmungsaktiv, d. h. sie nimmt Körperflüssigkeit gut auf und leitet sie nach außen weiter. Außerdem ist Kleidung und Wäsche aus Baumwolle sehr strapazierfähig und leicht zu pflegen. Nachteil ist, dass Baumwollkleidung beim Waschen leicht knittert, gebügelt werden muss und manchmal zum Einlaufen neigt. Die Hersteller von Baumwollkleidung tragen dem meist Rechnung, indem sie die Kleidung vorwaschen, um die Gefahr eines späteren Einlaufens möglichst auszuschalten. Gestrickte Baumwollpullover neigen unter Umständen zum Ausleiern, vor allem wenn sie nicht liegend, sondern auf der Leine hängend getrocknet werden.
Um die Baumwolle pflegeleichter, z. B. bügelfrei, zu machen, werden zum Teil synthetische Fasern zugegeben oder der Stoff mithilfe von Kunstharzen veredelt. In der Fachsprache spricht man von „Ausrüsten". Leider hat die Baumwollproduktion ein großes Manko: Die Sträucher werden zum

Naturfasern		Chemiefasern	
Pflanzlich	**Tierisch**	**Zellulosisch**	**Synthetisch**
Baumwolle	(Schur-)Wolle	Viskose	Polyamid
Leinen	Seide	Modal	Polyester
Hanf		Cupro	Polyacryl
Ramie		Acetat	Polypropylen
			Polyurethan
			Elasthan

Abb. 10: Wird die Baumwolle nicht von Hand gepflückt, sondern mithilfe riesiger Erntemaschinen abgeerntet, werden die Pflanzen vor der Ernte mit aggressiven Entlaubungsmitteln eingesprüht.

größten Teil in umweltschädigenden Monokulturen angebaut, was sie besonders anfällig für Schädlinge und Krankheiten macht. Deshalb werden auf den Baumwollfeldern extrem hohe Mengen an Pflanzen- und Insektengiften eingesetzt. Rund 25-mal müssen die Pflanzen in der Wachstumsphase mit Gift besprüht werden, und dabei kommen zum Teil Stoffe zum Einsatz, die wegen ihrer Giftigkeit für Mensch und Umwelt in Deutschland oder ganz Europa verboten sind, beispielsweise DDT oder Lindan.

Doch damit nicht genug: Wird die Baumwolle nicht von Hand gepflückt, sondern mithilfe riesiger Erntemaschinen abgeerntet, werden die Sträucher vorher mit Entlaubungsmitteln behandelt, um auf diese Weise die Reifung der Baumwollkapseln zu beschleunigen. So kommt es, dass etwa ein Drittel des weltweiten Pestizidverbrauchs auf Kosten des Baumwollanbaus geht – mit schlimmen Folgen für die Umwelt, die Menschen in den Erzeugerländern und letztendlich auch die Kunden hierzulande, denn die Rückstände solcher Gifte stecken manchmal noch in der fertigen Baumwollkleidung. Deshalb sollten Sie neue Baumwollkleidung vor dem ersten Tragen auf jeden Fall waschen! Untersuchungen haben ergeben, dass erst nach dreimaligem Waschen der Großteil der schädlichen Stoffe aus den Textilien heraus gespült wurde. Das ist nicht notwendig, wenn Sie Kleidung aus biologisch angebauter Baumwolle kaufen. Diese wird ohne den Einsatz chemischer Gifte angebaut und von Hand geerntet.

Pflege:
Baumwollkleidung und -wäsche kann bei hohen Temperaturen gewaschen werden, neigt aber unter Umständen bei den ersten Wäschen zum Einlaufen. Liegt feuchte Wäsche aus Baumwolle länger übereinander, können Stockflecken entstehen. Um sich das Bügeln leichter zu machen, sollte man gerade Baumwollkleidung nach dem Waschen möglichst schnell aus der Maschine holen, in Form ziehen und aufhängen. Auf keinen Fall im Waschkorb liegend antrocknen lassen, denn dann setzen sich die Falten richtig schön fest im Gewebe und das Bügeln wird zur schweißtreibenden Angelegenheit. Baumwolle kann heiß gebügelt werden.

Was heißt hier „Öko"?

Mittlerweile gibt es eine Reihe von Herstellern, die für ihre Kollektionen Stoffe aus kontrolliert biologischem Anbau bzw. aus ökologischer Tierhaltung anbieten. Solche Öko-Mode zu erkennen, ist allerdings für den Kunden nicht ganz einfach, weil mit dem Begriff „Bio" leider viel Schindluder getrieben wird. Wer wirklich ökologisch erzeugte Kleidung kaufen möchte, sollte auf das Zeichen „kbA" (= kontrolliert biologischer Anbau) bzw. „kbT" (= kontrolliert biologische Tierhaltung) achten.

Die meisten Anbieter solch echter Naturmode sind im Arbeitskreis Naturtextilien zusammen geschlossen und haben einen Katalog gemeinsamer Richtlinien erarbeitet, der die Auswahl und Verarbeitung der Rohstoffe, aber auch die Recyclingfähigkeit der getragenen Kleidung regelt. Zudem werden die Anbieter verpflichtet, nur fair gehandelte Stoffe zu verwenden, die den Arbeitern sozial gerechte Löhne garantieren und Kinderarbeit ausschließen. Besonders hoch sind die Anforderungen an Textilien, die eines der beiden Naturtextil-Label „Best" und „Better" tragen.

Dass Öko-Mode genauso modisch und chic ist wie konventionelle Ware, zeigt ein Blick in die Kataloge der entsprechenden Hersteller. Solche nach streng ökologischen Kriterien hergestellte Kleidung kann natürlich teurer sein als herkömmlich erzeugte. Ein Tipp: Fast alle Firmen starten mehrmals jährlich „Schnäppchen-Aktionen" mit günstigen Sonderangeboten. Beim Internationalen Verband der Naturtextilwirtschaft e.V., Haußmannstraße 1, 70188 Stuttgart, Tel. 07 11-23 27 52 oder beim Arbeitskreis Naturtextilien, Albstraße 38, 72764 Reutlingen, Tel. 0 71 21/3 63 21 können Sie die Richtlinien und eine Liste der Mitgliederfirmen anfordern, die solche Kleidung verkaufen.

Das Label „Öko-Tex Standard 100", das u. a. vom Forschungsinstitut Hohenstein vergeben wird, bescheinigt dagegen lediglich, dass die Kleidung frei ist von krebserregenden und allergieauslösenden Farbstoffen und dass bestimmte Grenzwerte für Pestizid- und Schwermetallrückstände bzw. Formaldehyd in der Kleidung nicht überschritten werden. Da keine Aussagen über den Anbau und die Verarbeitung des Stoffes gemacht werden, ist das

Abb. 12 a+b: Die beiden Label „Öko-Tex Standard 100" (links) und das Toxproof-Siegel (rechts) bescheinigen, dass die Kleidung frei von krebserregenden und allergieauslösenden Stoffen ist und im Endprodukt bestimmte Grenzwerte für Schadstoffe nicht überschritten werden. Über Anbau der Faser und Verarbeitung der Stoffe werden keine Angaben gemacht.

Schlagwort „Öko" somit hier fehl am Platze. Auch das vom TÜV Rheinland vergebene „Toxproof-Siegel" bescheinigt lediglich, dass im Endprodukt bestimmte Grenzwerte für Schadstoffe eingehalten werden.

Leinen
Leinen ist die älteste bekannte Pflanzenfaser. Es handelt sich um ein Gewebe aus Flachsfasern, die aus dem Stängel der Flachspflanze gewonnen werden. Flachs

Abb. 11: Besonders hohe Anforderungen werden an die Textilien gestellt, die das Label des Arbeitskreises Naturtextilien tragen.

wird in Mitteleuropa angebaut und ist recht widerstandsfähig gegen Schädlinge etc., deshalb werden hier im Verhältnis zur Baumwolle sehr viel weniger giftige Pflanzenschutzmittel eingesetzt.

Leinenstoffe haben eine glatte Oberfläche, sind dadurch gut Schmutz abweisend und fusseln nicht. Leinen ist ein idealer Stoff für Sommerkleidung und -wäsche, denn es nimmt sehr gut Feuchtigkeit auf und liegt kühl auf der Haut. Leinenkleidung knittert sehr leicht und ist nicht besonders formbeständig. Allerdings gelten derartige Falten und Beulen heutzutage als „Edelknitter" und somit als chic. Leinen neigt wie Baumwolle bei den ersten Wäschen zum Einlaufen und wird deshalb nach der Herstellung oft vorgewaschen.

Abb. 13: Die verschiedenen Flachssorten blühen im Frühjahr himmelblau bis weiß.

Pflege:
Leinen kann wie Baumwolle gewaschen werden und verträgt sehr hohe Bügeltemperaturen (höchste Temperaturstufe). Allerdings darf es – beispielsweise bei der Fleckentfernung – nicht stark gescheuert werden, da sich die Fasern dadurch aufrauen und helle Stellen entstehen können.

Hanf
Hanf wird aus den Fasern des Hanfstängels hergestellt. Stoffe aus Hanf sind etwas gröber und robuster als Leinen und knittern genauso stark. Hanfstoffe sind sehr saugfähig und reißfest. Sie werden fast ausschließlich von Naturmodeherstellern vertrieben. Kleidung aus Hanfstoff sollten Sie eventuell eine Nummer größer als gewöhnlich kaufen, da sie oft noch einläuft.
Pflege:
siehe „Leinen" oben.

Ramie
Ramie ist eine sehr seltene und teure Pflanzenfaser, die vor allem in tropischen Regionen Asiens aus den Stängeln einer bestimmten Nesselart gewonnen wird. Es handelt sich dabei um die Bastfasern des so genannten „Chinagras". Das im ungefärbten Zustand weiße bis schwach gelbliche Gewebe ähnelt dem Leinen, ist aber noch reißfester und glänzender. Meist wird Ramie in Kombination mit Naturfasern wie Baumwolle, Wolle oder Seide verarbeitet.
Pflege:
siehe „Leinen" *links oben.*

Abb. 14: Stoffe aus Hanf sind sehr reißfest und saugfähig.

**Tierische Fasern:
Seide und Wolle**

Seide
Bei Seide unterscheidet man zwischen Maulbeerseide, auch Zuchtseide genannt, und Wildseide. Maulbeerseide wird von den Raupen des Maulbeerspinners erzeugt, die auf den Maulbeersträuchern leben und sich nach mehreren Häutungen in einen Kokon aus eben diesen Seidenfasern einspinnen. Die Raupe presst die Fasern als Endlosfäden aus zwei Drüsen am Kopf, verklebt sie miteinander und schlingt sie viele tausend Male um ihren Körper, um sich zu verpuppen.
Etwa 3 bis 3,5 Kilometer lang ist der Seidenfaden, den sie dabei hervorbringt – vergebliche Liebesmühe für die Raupe,

denn bevor sie sich in ihrem Kokon zum Schmetterling verwandelt, wird sie mit heißem Dampf getötet.

Anders die wildlebenden Seidenraupen: Bevor ihre Kokons gefunden und eingesammelt werden, sind die jungen Schmetterlinge in der Regel schon ausgeschlüpft. Da der Kokon dadurch zerstört ist, können keine endlos langen Fäden gewonnen werden, sondern nur kurze Fadenstücke. Stoffe aus Wildseide haben deshalb nicht den edlen Glanz und die glatte Oberfläche der echten Zuchtseide, sondern zeigen typische Unregelmäßigkeiten.

Die edelste Zuchtseide ist die so genannte Haspelseide. Sie wird aus dem kompletten, schier endlosen Faden eines Kokons gewonnen. Als Bourrettseide bezeichnet man dagegen das aus kürzeren Fadenbruchstücken hergestellte Gewebe, das ähnlich der Wildseide eine noppige, unregelmäßige Oberfläche hat. Bourret- und Wildseide enthalten noch den Seidenleim, mit dem die Raupe die Fasern verklebt hat; bei der edlen Haspelseide ist dieser entfernt worden, man spricht dabei vom Entbasten.

Kleidung aus Seide ist in der Lage, viel Feuchtigkeit aufzunehmen, liegt angenehm leicht auf der Haut und wirkt temperaturausgleichend, d. h. sie isoliert gegen Wärme, aber auch Kälte. Etwa 1 % der Kleidung weltweit ist aus Seide hergestellt. Diese stammt hauptsächlich aus China und Japan.

Seide ist eine edle Faser, deren Herstellung sehr aufwändig ist. Ein Stoff aus solchen Fasern kann eigentlich nicht billig sein. Billigkleidung aus Seide ist daher in der Regel von schlechter Qualität und unregelmäßiger bzw. loser gesponnen als teure Seidenstoffe. Dadurch reißen die Nähte schnell aus. Bei Billigseide besteht zudem eine größere Gefahr der Verunreinigung durch Schadstoffe wie Pestizide, Formaldehyd und Insektizide wie Lindan als bei Qualitätsstoffen.

Pflege:

Die Pflege und Reinigung von Seide ist nicht ganz einfach: Besonders edle Seidenstoffe sind oft gar nicht waschbar, sie müssen in die Reinigung. Als waschbar deklarierte Seidenkleidung können Sie vorsichtig, aber zügig bei 30 °C mit der Hand waschen, dabei aber nicht stark reiben oder scheuern. Auf keinen Fall dürfen Sie Seide wringen oder gar schleudern; das Wasch- und Spülwasser sollte vorsichtig nur mit der Hand ausgedrückt werden. Da reine Seide aus Eiweiß (Protein) besteht, darf sie nicht mit Biozym SE behandelt werden, denn das soll ja gerade eiweißhaltige Flecken entfernen und würde die Seidenfasern angreifen. Unser **Biozym F** gegen Fett ist dagegen unbedenklich. Zum Waschen von Seide eignet sich am besten unser neutrales **Bawos** (siehe *Seite 40*). Unser Gruwash erzeugt dagegen eine alkalische Waschlauge, die der Seide schaden würde. Das gewaschene und gut gespülte Kleidungsstück zum Trocknen auf ein Frottierhandtuch legen oder auf einen Kleiderbügel hängen.

Abb. 15:   Aus den endlosen Fäden des Kokons der Maulbeerspinnerraupen wird die edle Zuchtseide gewonnen.

Da Seide zum „Verschießen", d. h. Ausbleichen, neigt, darf sie nicht in der prallen Sonne trocknen und auch nicht an der Heizung, denn dadurch wird sie hart. Auf der niedrigsten Stufe des Bügeleisens (ein Punkt) feucht von links bügeln. Um beim Bügeln Glanzstellen auf Säumen, Knöpfen, Kragen etc. zu vermeiden, sollte man das Kleidungsstück auf eine sehr weiche Unterlage legen.

Flecken lassen sich von Seidenkleidung nur schwer entfernen. Sogar Schweiß, Deos, Parfüm und Wassertropfen können dauerhafte Flecken auf dem Stoff hinterlassen. Diese möglichst frisch mit einem trockenen Tuch abtupfen. Achtung: Farbige Seidenstoffe neigen zum Ausbluten, weil die Farbe nicht so gut in dem feinen Gewebe haftet. Diese Gefahr ist bei schlecht gefärbter Billigseide am größten.

Wolle

Als Wolle werden Haare vom Fell verschiedener Schafrassen oder anderer Tierarten wie Kamel, Alpaka, Kaschmirziege etc. bezeichnet. Dabei darf der Begriff Schurwolle nur für solche Wolle verwendet werden, die durch das Scheren lebendiger Tiere gewonnen wird. Als „reine Wolle" wird dagegen auch Gewebe aus Wollabfällen oder wiederverwerteter Wolle – also Reißwolle – bezeichnet. „Lambswool" wird aus den Haaren der ersten Schur gewonnen. Die Lämmer müssen dabei etwa ein halbes Jahr sein. Ihre Wolle ist äußerst weich und fein, aber nicht sehr strapazierfähig. Besonders edle Wolle stammt vom Merinoschaf, das vorwiegend in Australien und Südafrika gezüchtet wird. Sie ist besonders weich und stark gekräuselt.

Die edelste Wollfaser stammt von der Kaschmirziege. Sie lebt vorwiegend im vorderasiatischen Hochland. Ihr feines Unterhaar wird nicht geschoren, sondern ausgekämmt und -gezupft und anschließend von Hand gereinigt. Pro Jahr und Ziege werden so nur etwa 100 g gewonnen, was den Preis dieser edlen Wolle erklärt. Wen wundert es also, dass manche Hersteller den Kaschmiranteil ihrer Wolltextilien viel zu hoch angeben und in vielen Fällen der angegebene 30 – 40 %ige Kaschmiranteil in einem Wollmantel bei genauer Untersuchung auf magere 1 – 2 % zusammenschrumpft.

Wollkleidung ist wenig schmutzanfällig, knittert kaum, wärmt gut und kann bis zu einem Drittel ihres eigenen Gewichts an Feuchtigkeit aufnehmen, ohne sich feucht anzufühlen. Wolle neigt allerdings – falls sie nicht entsprechend ausgerüstet ist – zum Verfilzen. Das liegt an der natürlichen Schuppenschicht, die das Haar umgibt. Diese Schuppen können sich untereinander verhaken, z. B. wenn das Haar im Wasser aufquillt oder wenn Wolltextilien beim Tragen stark aneinander gerieben werden wie unter den Armen. Solche Verfilzungen lassen sich nicht wieder rückgängig machen.

Schurwolle aus herkömmlicher Produktion kann stark mit Pestiziden belastet sein. Das liegt daran, dass die Schafe häufig vor der Schur mit Entlausungsmitteln eingesprüht werden, das sich im Wollfett anreichert und zum Teil noch in der verarbeiteten Wolle nachgewiesen werden kann.

Pflege:

Um ein Verfilzen zu vermeiden, dürfen Wollsachen nicht stark gerieben, gedrückt, gescheuert oder gewrungen werden, denn dabei verhaken sich die Wollschuppen unwiderruflich miteinander. Besonders edle Wolle (Merino, Kamelhaar, Alpaka, Kaschmir etc.) neigt besonders stark zum Verfilzen. Die meisten Waschmaschinen

Abb. 16: Schurwolle darf sich nur solche Wolle nennen, die durch das Scheren lebender Tiere gewonnen wird.

haben heutzutage ein Wollwaschprogramm, das die empfindliche Wolle bei niedriger Temperatur (30 °C) mit hohem Wasserstand wäscht. Dabei schwimmen die Textilien locker in der Trommel und werden mit weniger Umdrehungen gereinigt. Eine solche Maschinenwäsche kann unter Umständen schonender sein als starkes Reiben und Drücken bei der Handwäsche. Beim Waschen mit der Hand sollten Sie also vorsichtig vorgehen, d. h. die Kleidung nur handwarm waschen und anschließend gut ausspülen. Wasch- und Spülwasser leicht mit der Hand abstreifen und vorsichtig ausdrücken. Als Waschmittel sollten Sie unser **Bawos** verwenden, denn es erzeugt einen neutralen pH-Wert (siehe Seite 40). Alkalische Waschmittel wie unser Gruwash würden zum Aufquellen der Wolle führen und die Neigung zum Filzen noch erhöhen. Gestrickte Wollteile sollten immer auf saugfähigen Frottiertüchern liegend trocknen, damit sie durch das Gewicht des Wassers nicht ausleiern. Gewebte Stoffe zieht man nach dem Waschen in Form und trocknet sie am besten auf einem Kleiderbügel; auf diese Weise glätten sich auch leichte Knitterfalten. Generell lässt sich Wolle relativ einfach vom Schmutz befreien, da dieser sich gut aus den Fasern löst. Um störende Gerüche zu beseitigen, reicht es sogar aus, das Kleidungsstück einige Stunden auf einem Bügel zu lüften – am besten an der frischen Luft.

Abb. 17: Klarer Fall: Zu heiß gewaschen. Durch falsche Pflege kann flauschige Wolle sehr leicht filzig werden (links: neu, rechts: stark verfilzt).

DU KRIEGST DIE MOTTEN!

Motten lieben Wolle und Seide, vor allem wenn die Kleidungsstücke ruhig und unbenutzt im dunklen Kleiderschrank hängen. Das beste Mittel gegen Mottenbefall ist daher, die Bügel jeden Tag einmal kurz zu schütteln. Vorbeugend können auch kleine Blöcke aus Zedernholz oder Säckchen mit Lavendelblüten helfen. Um deren Wirkung zu erhalten, sollten Sie regelmäßig etwas Lavendel- und Zedernöl aufträufeln. Besonders wirkungsvoll sind kleine Anti-Motten-Säckchen, die mit Niemblättern gefüllt und mit verschiedenen ätherischen Ölen beträufelt werden:

Anti-Motten-Säckchen
50 g Niemblätter
20 Tr. Lavendelöl
10 Tr. Zedernholzöl
10 Tr. Zitronenmelissenöl

Beträufeln Sie die Niemblätter mit den Ölen und füllen Sie sie in ein Baumwollsäckchen. Alternativ können Sie auch einen Teefilter aus Papier verwenden.
Auch ein Versuch mit unserem neuen **Niemfluid** lohnt sich. Motten hassen nämlich – wie viele andere Schädlinge – den Geruch von Niem und werden deshalb einem derart ausgerüsteten Kleiderschrank den Rücken kehren. Unser Niemfluid ist flüssig und kann deshalb leicht auf die Kleidung usw. aufgesprüht werden.
Dies alles sind vorbeugende Maßnahmen, die Ihnen helfen können, die Schädlinge von Ihrem Kleiderschrank fernzuhalten. Hat aber erst einmal eine Mottenfamilie ihren Hunger an Ihrem guten Schurwollmantel gestillt, dann hilft nur Schadensbegrenzung. Sind es nicht zu viele Löcher, können Sie diese vorsichtig zusammenziehen. Am besten Sie verwenden dazu einen Faden vom Kleidungsstück selbst, z. B. vom Innensaum. Ansonsten gibt es Schneiderinnen, die solche Löcher kunststopfen. Das ist aber sehr aufwändig und teuer (ca. 50-80 DM pro Loch).
Wichtig ist: Um sicher zu gehen, dass sich im Gewebe keine Mottenbrut mehr versteckt, sollten Sie das befallene Kleidungsstück – und eventuell auch alle anderen Textilien aus Wolle und Seide aus dem betroffenen Schrank – waschen bzw. reinigen lassen und für mindestens 24 Stunden in die Tiefkühltruhe stecken. Das hält selbst die hartnäckigste Motte nicht aus.

Wolle darf nicht auf der Heizung, im Trockner oder in der prallen Sonne getrocknet werden, denn dadurch kann sie hart werden und verfilzen. Außerdem „verschießen" wie bei der Seide die Farben. Fett- oder Saucenflecken auf Wolltextilien können Sie mit unserem Fleckentferner Orafleck HT (siehe *Seite 52*) oder mit Spucke (siehe *Seite 53*) entfernen. Der Einsatz von Bleiche empfiehlt sich dagegen nicht.

Chemiefasern aus Zellulose

Viskose

Viskose ist eine der ältesten Chemiefasern und war früher unter dem Namen Kunstseide bekannt; heute bezeichnet man Viskosegewebe auch als Rayon oder Zellwolle. Sie wird aus Holzzellulose gewonnen. Dazu werden die Stämme – meist von Fichten oder Buchen – entrindet und zu Spänen zerkleinert und anschließend werden Lignin, Harze, Wachse und andere Stoffe aus dem Holz entfernt. Nach diesem Verfahren bleibt vom Holz nur noch die Zellulose übrig, die dann – meist umweltschädlich mit Chlor – gebleicht, entwässert und in Platten gepresst wird. Im nächsten Schritt wird das Ganze dann mithilfe von Natronlauge und Schwefelkohlenstoff verflüssigt und durch feine Düsen zu endlos langen Fäden gepresst. Diese Viskosefäden werden dann in einem „Fällbad" vom vorher zugegebenen Lösungsmittel, Säuren und den Salzen befreit, gereinigt, weich gemacht und meist erneut gebleicht. Die Herstellung von Viskose ist also extrem energieaufwändig und umwelt-

schädlich, da beispielsweise das zum Bleichen verwendete Chlor in der Kläranlage kaum abgebaut wird.

Solche künstlichen Zellulosefasern sind längst nicht so strapazierfähig und reißfest wie natürliche Fasern, z. B. Baumwolle. Viskose hat aber auch Vorteile: Sie ist extrem saugfähig und kann bis zu 400 % ihres Gewichtes an Wasser aufnehmen. Sie eignet sich besonders gut für Futterstoffe, aber auch für Haushaltstextilien, also Wisch- und Spültücher, denn der anhaftende Schmutz lässt sich leicht wieder ausspülen. Viskosestoffe werden aber auch für Blusen, Hemden und Kleider verwendet, da sie sich gut färben und bedrucken lassen. Nachteil reiner Viskose-Gewebe: Sie neigen zum Einlaufen, sind leicht entflammbar und knittern stark.

Um das Knittern und Einlaufen zu vermindern und dem Kleidungsstück „Format" und Sitz zu geben, sind Viskosestoffe meist mit Kunstharzen ausgerüstet. Das hat aber zur Folge, dass sich Flecken nur noch schwer entfernen lassen.

Pflege:

Kleidung aus Viskose und Modal kann wie Baumwolle in der Maschine gewaschen werden. Beim Bügeln allerdings sollten Sie auf die Beimischungen achten. Sollte eine hitzeempfindliche Faser beigemischt worden sein (siehe Etikett), richtet sich die Bügeltemperatur nach diesem Gewebe, und das Kleidungsstück darf nur auf niedrigster Stufe (ein Punkt), eventuell mit einem feuchten Zwischentuch, gebügelt werden. Für Viskose keinen Weichspüler verwenden, weil es dadurch – vor allem bei qualitativ schlechteren Viskosestoffen – zu Fadenverschiebungen kommen kann, die

sich unter Umständen als Flecken bemerkbar machen können.

Modal

Modal besteht ebenfalls aus Holzzellulose, die daraus hergestellten Stoffe sind aber durch ein anderes Spinnverfahren strapazierfähiger, formstabiler und weniger empfindlich als Viskose.

Cupro

Hier ist das Ausgangsmaterial Baumwolle, und zwar kurze Fasern, die in einer Lösung aus Ammoniak und Kupferoxid verflüssigt werden. Cupro ist recht pflegeleicht und glänzt seidig.

Acetat

Acetat wird aus Baumwollabfällen hergestellt, die mithilfe von Essigsäurehydrid in Zellulose-Acetat umgewandelt, in Aceton gelöst und zu Fasern versponnen werden. Die Endfaser besteht deshalb etwa zur Hälfte aus Zellulose und Salzen der Essigsäure. Acetat ist wie Seide sehr hitzeempfindlich, kann deshalb auch nur bei niedriger Temperatur gewaschen werden und nimmt im Gegensatz zu den anderen Zellulosegeweben weniger Flüssigkeit auf. Acetat darf nicht mit dem Lösungsmittel Aceton behandelt werden, da das Gewebe geschädigt würde. Vorsicht also auch mit Nagellackentferner!

Synthetische Fasern

Synthetische Fasern werden aus Erdöl hergestellt. Dabei werden durch ein bestimmtes chemisches Verfahren – die Polymerisation – Moleküle des Öls miteinander verkettet, anschließend durch Schmelzen verflüssigt und durch feine Düsen zu langen Fäden gespritzt. Synthesefasern werden oft zusammen mit Naturfasern zu pflegeleichten Mischgeweben verarbeitet. Synthesegewebe sind pflegeleicht und strapazierfähig, nehmen aber nur sehr wenig Feuchtigkeit auf und neigen dazu, sich elektrostatisch aufzuladen. Um diese Nachteile auszugleichen, werden die Fasern u. a. mit unterschiedlichen Substanzen überzogen. Eine weitere Möglichkeit, den Tragekomfort von Synthesefasern zu verbessern, ist das so genannte „Texturieren". Dabei werden die glatten Fasern stark gekräuselt, wodurch sie voluminöser und luftdurchlässiger werden und zudem ihre Fähigkeit, Feuchtigkeit nach außen zu transportieren, erhöht wird.

Die wichtigsten Synthesefasern sind:

- Polyamid (Perlon, Nylon)
- Polyester
- Polyacryl
- Polypropylen
- Elasthan

Pflege:

Textilien aus nicht dehnbaren Synthesefasern wie Polyester oder Mischgewebe können zusammen mit Baumwollkleidung bei 30 bis 40 °C gewaschen werden. Empfindliche Kleidungsstücke, die besonders zum Knittern neigen, sollten Sie dagegen besser im „Pflegeleicht"-Programm der Waschmaschine mit geringerer Beladung (1,5 bis 2 kg) waschen. Dabei schwimmen die Wäschestücke locker in der Lauge, die Trommelbewegung ist reduziert, und die Wäsche wird zum Schluss nur kurz angeschleudert. So wird das Knittern verhindert, und Sie können sich das Bügeln sparen. Textilien oder Gardinen aus Polyester dürfen nur lauwarm gewaschen werden, weil sich bei mehr als 40 °C starke Knitterfalten bilden, die kaum noch auszubügeln sind.

Funktionelle Kleidung: Adieu Friesennerz

Synthesefasern werden auch für die so genannte funktionelle Kleidung verwendet, die den Körperschweiß schnell von der Haut nach außen ableitet. Zu diesem Zweck bestehen solche Kleidungsstücke auf der dem Körper zugewandten Seite aus Mikrofasern – das sind besonders dünne Polyester- oder Polyamidfasern –, durch die die Feuchtigkeit ungehindert nach außen in eine saugende Baumwollschicht abfließt. Solche Mikrofasern haben den Vorteil, dass sie beim Kontakt mit Feuchtigkeit nicht aufquellen und angenehm auf der Haut liegen. Sie werden vor allem für Sportkleidung, Unterwäsche und wärmende Fleece verwendet. Zur funktionellen Kleidung zählen aber auch wetterfeste Jacken, Hosen, Handschuhe etc. Wie der klassische gelbe „Friesennerz" halten sie Regen und Wind ab, dabei entsteht aber kein Hitzestau, sondern der Schweiß kann nach außen abfließen. Vor Wind und Wetter schützt eine in den Stoff integrierte Membran. Man unterscheidet dabei zwischen den Marken GoreTex – solche Kleidungsstücke enthalten eine Teflonhaut mit mikroskopisch kleinen Poren – und Sympatex, das eine porenlose Haut aus Polyester enthält. Jacken und andere Wetterkleidung aus diesem Gewebe haben hervorragende Trageeigenschaften, weil der Körper „atmen" kann. Der Nachteil solcher Textilien: Die verwendeten Membranen sind

Abb. 18:
Als Mikrofasern bezeichnete Chemiefasern (hier: Trevira Micronesse) sind deutlich feiner als alle Naturfasern.

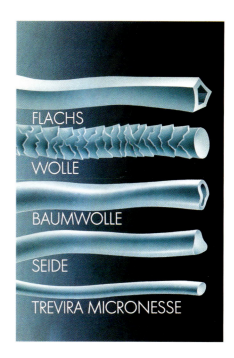

zum Teil schwierig zu entsorgen. GoreTex besteht beispielsweise aus einem Fluorkunststoff, der nicht verrottet und beim Verbrennen giftige Rückstände hinterlässt. Angesichts dessen – und des noch hohen Preises – sollten solche Wetterjacken und -hosen eine Anschaffung für mehrere Jahre sein und nicht nur für eine Saison. Übrigens erfüllt solche funktionelle Kleidung nur ihren Zweck, wenn unter der Regenhose und dem Mikrofaser-Fleece auch funktionelle, d. h. synthetische Unterwäsche getragen wird. Baumwolle würde die Körperflüssigkeit ja nicht nach außen weiterleiten, sondern aufsaugen.

Pflege:
Kleidung, die eine Membran enthält, ist sehr empfindlich. Ein Nadelstich oder ein kleiner Riss macht das System undicht, so dass Feuchtigkeit von außen eindringen kann. Eine wichtige Eigenschaft solcher Textilien ist ihre gute Waschbarkeit: Man kann sie sogar in der Maschine im Programm „Pflegeleicht" bei ca. 30 – 40 °C säubern. Dabei schont ein neutrales Waschmittel wie unser **Bawos** (siehe *Seite 40*) die Imprägnierung und ist außerdem besonders freundlich zu Vlies- bzw. Daunenfüllungen. Diese bleiben auch nach dem Waschen schön flauschig. Durch Bügeln auf niedrigster Stufe können Sie die Imprägnierung wieder leicht auffrischen. Dennoch muss sie nach mehreren Wäschen in der Reinigung erneuert werden. Beim Waschen von funktioneller Sportwäsche darf kein Weichspüler verwendet werden, denn dadurch verliert die außen liegende Baumwolle ihre Saugfähigkeit und die Poren der Membran werden verstopft.

Knitterfrei und pflegeleicht: die Ausrüstung

Um die Trage-, Wasch- und Bügeleigenschaften von Textilien zu verbessern oder zu verändern, kann das Gewebe auf vielerlei Arten veredelt werden. Man spricht vom „Ausrüsten". Dabei kommen zum Teil Substanzen zum Einsatz, die bei empfindlichen Menschen Hautreizungen auslösen können bzw. ökologisch bedenklich sind. Die wichtigsten Veredlungsarten wollen wir Ihnen hier vorstellen:

Mercerisieren
Beim Mercerisieren werden die Baumwollfäden oder -gewebe mit Natronlauge behandelt. Dadurch quillt die gespannte Faser auf, wird geglättet, glänzender und reißfester. Derart vorbehandelte Baumwollfasern lassen sich zudem besser einfärben.

Hochveredeln
Beim Hochveredeln werden Kunstharze in die Faser eingelagert. Dieses Verfahren wird bei natürlichen und künstlichen Zellulosefasern und -gemischen angewendet. Auf diese Weise wird das Einlaufen verhindert, der Stoff knittert weniger und lässt sich leichter bügeln. Nachteil: Durch die Kunstharze wird die Saugfähigkeit und die Reißfestigkeit des Gewebes heruntergesetzt und Flecken lassen sich schlechter entfernen.
Außerdem fallen bei diesem Verfahren Chemikalien an, die in der Kläranlage nur schwer abgebaut werden können. Und auch empfindliche Menschen können mit

hochveredelten Stoffen Probleme bekommen: Die verwendeten Kunstharze enthalten häufig Formaldehyde, die freigesetzt werden und Allergien auslösen können. Ob ein Kleidungsstück aus hochveredeltem Stoff besteht, lässt sich aus dem Etikett meist nicht ablesen. Die Formulierungen „pflegeleicht" oder „bügelfrei" können ein Hinweis auf eine solche Vorbehandlung sein.

Sanforisieren (Krumpfecht Ausrüstung)
Bei diesem Verfahren werden Baumwollgewebe unter heißem Dampf mechanisch vorgeschrumpft. Dadurch wird das Einlaufen bei der Wäsche verhindert. Diese Art der Ausrüstung wenden häufig auch Hersteller von Öko-Mode an, denn sie ist gesundheitlich und ökologisch unbedenklich.

Stone washed
Diese „Ochsentour" müssen vor allem Jeans durchlaufen. Sie werden mit Bimssteinen und Bleichmitteln so lange traktiert, bis sie nicht mehr wie neu, sondern schon gut eingetragen aussehen. Leider wird bei diesem Verfahren enorm viel Wasser verbraucht und z. T. umweltbelastende Chlorbleiche eingesetzt. Außerdem geht eine solche Behandlung natürlich auch an der Faser nicht spurlos vorbei: Sie wird vorgeschädigt und verschleißt schneller. Bei Jeans macht sich das vor allem an den Innenschenkeln und dort, wo sich Falten bilden – also in den Kniekehlen und am Po –, bemerkbar.

Antistatische Ausrüstung
Dabei werden Chemiefasern mit tensidähnlichen Stoffen behandelt, die einen

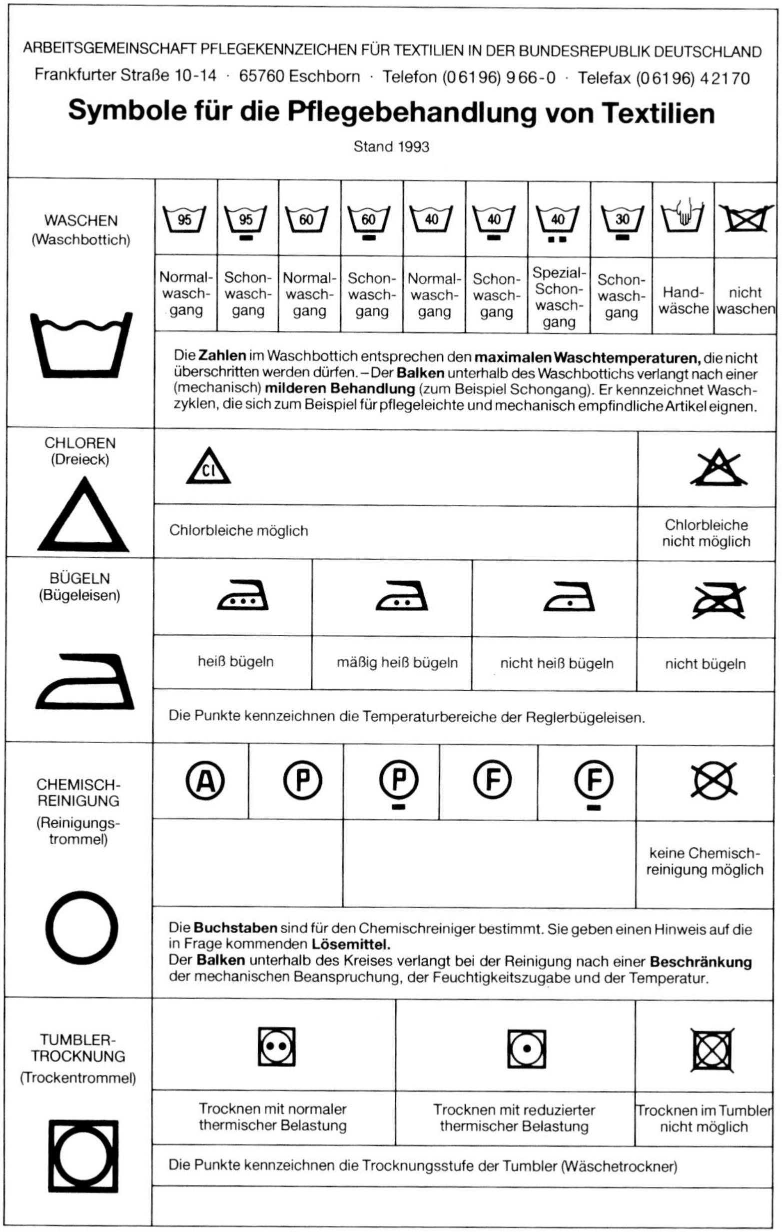

ARBEITSGEMEINSCHAFT PFLEGEKENNZEICHEN FÜR TEXTILIEN IN DER BUNDESREPUBLIK DEUTSCHLAND
Frankfurter Straße 10-14 · 65760 Eschborn · Telefon (06196) 966-0 · Telefax (06196) 42170

Symbole für die Pflegebehandlung von Textilien

Stand 1993

WASCHEN (Waschbottich)

95	95	60	60	40	40	40	30	Handwäsche	nicht waschen
Normal-waschgang	Schon-waschgang	Normal-waschgang	Schon-waschgang	Normal-waschgang	Schon-waschgang	Spezial-Schon-waschgang	Schon-waschgang	Hand-wäsche	nicht waschen

Die **Zahlen** im Waschbottich entsprechen den **maximalen Waschtemperaturen**, die nicht überschritten werden dürfen. – Der **Balken** unterhalb des Waschbottichs verlangt nach einer (mechanisch) **milderen Behandlung** (zum Beispiel Schongang). Er kennzeichnet Waschzyklen, die sich zum Beispiel für pflegeleichte und mechanisch empfindliche Artikel eignen.

CHLOREN (Dreieck)

Chlorbleiche möglich	Chlorbleiche nicht möglich

BÜGELN (Bügeleisen)

heiß bügeln	mäßig heiß bügeln	nicht heiß bügeln	nicht bügeln

Die Punkte kennzeichnen die Temperaturbereiche der Reglerbügeleisen.

CHEMISCH-REINIGUNG (Reinigungstrommel)

A	P	P	F	F	keine Chemisch-reinigung möglich

Die **Buchstaben** sind für den Chemischreiniger bestimmt. Sie geben einen Hinweis auf die in Frage kommenden **Lösemittel**.
Der **Balken** unterhalb des Kreises verlangt bei der Reinigung nach einer **Beschränkung** der mechanischen Beanspruchung, der Feuchtigkeitszugabe und der Temperatur.

TUMBLER-TROCKNUNG (Trockentrommel)

Trocknen mit normaler thermischer Belastung	Trocknen mit reduzierter thermischer Belastung	Trocknen im Tumbler nicht möglich

Die Punkte kennzeichnen die Trocknungsstufe der Tumbler (Wäschetrockner)

Film auf der Faser bilden und die elektrostatische Aufladung verhindern. Unter Umständen ist die Bezeichnung „antistatisch" auf dem Etikett angegeben.

Filzfrei-Ausrüstung

Durch die Behandlung mit Polymeren und anderen Chemikalien wird Wolle filzarm gemacht, d. h. sie wird mit einem Film überzogen, der die Schuppenschicht glättet und somit das Verfilzen der Haare verhindert. Solche Wollstoffe sind oft als „filzfrei" oder „maschinenwaschbar" gekennzeichnet.

Mattierung

Dabei werden vor allem Chemiefasern mit Titandioxid, Harnstoff-Formaldehyd-Harzen oder anderen Chemikalien behandelt, damit sie eine matte samtige Oberfläche erhalten. Dabei kann in der Faser unter Umständen gesundheitsschädliches Formaldehyd zurück bleiben. Außerdem fallen bei dieser Prozedur umweltschädliche Chemikalien an, die entsorgt werden müssen.

Optisches Aufhellen

Fast alle weißen Textilien sind mit optischen Aufhellern behandelt, die das Weiß noch strahlender erscheinen lassen (siehe *Seite 35*). Die dazu verwendeten Chemikalien lagern sich im Klärschlamm an und sind dort nur schwer abbaubar. In der Waschmaschine können diese optischen Aufheller ebenfalls Probleme machen,

Abb. 19: International vereinbarte Pflegekennzeichen für Textilien.

wenn sie nämlich auf andere Kleidungsstücke „überwandern" und zu hellen Flecken oder Farbveränderungen führen.

Scheuerfest-Ausrüstung
Um Zellulose-Fasern strapazierfähiger zu machen, werden sie mit Kieselsäure oder plastischen Harzen überzogen. Eine solche Behandlung erkennt man unter Umständen an der Bezeichnung „Texylon" im Etikett.

Weichmachen
Um Textilien einen angenehm weichen Griff zu verleihen, werden sie mit pflanzlichen oder tierischen Ölen, Ammoniumsalzen oder anderen weich machenden chemischen Produkten vorbehandelt.

Je nachdem, welche Substanzen dazu verwendet wurden, können Produktion und Entsorgung das Abwasser belasten. Leider gibt das Etikett darüber keinen Aufschluss.

Was verrät das Pflegeetikett?

Mag man sich beim Kleiderkauf im Geschäft bei der Auswahl des Stoffes noch auf Augen oder Fingerspitzen verlassen können, spätestens nach dem ersten Fleck oder dem ersten durchschwitzten Arbeitstag bricht in vielen Fällen Ratlosigkeit aus. Die Suche nach dem Pflegeetikett beginnt – und endet leider manchmal ohne Erfolg, denn der Gesetzgeber verpflichtet die Hersteller nur zur Angabe der verwendeten Fasern – wie diese zu reinigen und zu pflegen sind, muss nicht auf dem Etikett stehen; diese Kennzeichnung ist freiwillig. Kleidungsstücke ohne Pflegeetikett sollten Sie im Laden hängen lassen, denn hier muss man annehmen, dass der Hersteller die Wascheigenschaften nicht ohne Grund verschweigt. Auf keinen Fall sollten Sie das Pflegeetikett aus der Kleidung entfernen, denn sonst haben Sie bei eventuellen Reklamationen nichts in der Hand. Auch die Rechnungsquittung sollte eine Zeit lang aufbewahrt werden – zumindest, bis Sie das Kleidungsstück 2-3-mal gewaschen und getragen haben und sicher sind, dass es weder ausblutet noch stark einläuft. Manche Hersteller bedienen sich bei der Kennzeichnung eines Tricks: Bei verpackter Kleidung reicht es laut Gesetz aus, die Kennzeichnung auf der Verpackung anzubringen und nicht im Kleidungsstück selber. Prüfen Sie das nach, bevor Sie das Verpackungsmaterial wegwerfen. Vorsicht ist auch geboten, wenn auf dem Etikett ein hoher Anteil an „sonstigen Fasern" angegeben ist. Sie können dabei nicht erkennen, worum es sich handelt und wie man solche Textilien wäscht.

Abb. 20:
Das Schildchen mit den Pflegekennzeichen gibt darüber Auskunft, wie Textilien gewaschen, gebügelt und gereinigt werden sollen.

Pflegesymbole und ihre Bedeutung

Waschen ⊔

Hier sind die Temperaturen angegeben, die Sie beim Waschen nicht überschreiten dürfen. Ein Balken unter dem Bottich bedeutet „Schonwaschgang". Diesen können Sie bei den meisten Waschmaschinen mit einem eigenen Knopf zum jeweils gewählten Waschprogramm zuschalten. Im Schonwaschgang wird z. B. die Trommelbewegung reduziert und mit höherem Wasserstand gewaschen. Beim Spezial-Schonwaschgang (unterbrochener Strich) wird die Wäsche noch schonender gewaschen, z. B. Wolle.

Chloren △

Dieses Zeichen zeigt an, ob ein Kleidungsstück eine Chlorbleiche verträgt oder nicht. Diese Art der Fleckentfernung ist extrem umweltschädlich und in Deutschland heute nicht mehr üblich. Unsere Alternative: Unser neues Bleichmittel **Proweiß spezial**, das bereits bei 30 °C bleichbare Flecken wie Tee, Kaffee, Wein, Saft etc. entfernt.

Bügeln ⌷

Heiß bügeln ⌷
Heiß bügeln dürfen Sie Baumwolle, Leinen und Hanf. Am besten feucht bügeln, denn das spart Geduld und Armmuskeln. Wer kein Dampfbügeleisen hat – mit einer Blumenspritze lässt sich die Wäsche genauso gut befeuchten. Verzierungen oder Applikationen sollten von links auf einer weichen Unterlage gebügelt werden, um spätere Glanzstellen zu vermeiden.

Mäßig heiß bügeln ⌷
Dies gilt z. B. für Wolle, Polyester und Viskose. Auch hier geht es feucht am besten.

Nicht heiß bügeln ⌷
Polyacryl, Polyamid, Acetat und Seide dürfen nicht heiß gebügelt werden. Am besten von links bügeln oder ein feuchtes Tuch zwischenlegen, damit der empfindliche Stoff nicht am Bügeleisen kleben bleibt. Bei solchen Stoffen ist es besonders wichtig, sie schonend zu waschen und nicht ausgiebig zu schleudern, um Knitterfalten zu vermeiden, denn bei solch niedrigen Bügeltemperaturen bekommt man diese nur schwer wieder heraus.

Nicht bügeln ⌷
Manche Stoffe, z. B. Crincle oder Plissee, dürfen gar nicht gebügelt werden.

Chemische Reinigung ○

Dieses Symbol ist eigentlich für die Reinigungsfirmen bestimmt, denn es besagt, welche Lösungsmittel verwendet werden können. Allerdings gibt es auch wichtige Hinweise für die Fleckentfernung zu Hause.

Ⓐ Alle üblichen Lösungsmittel dürfen verwendet werden. Für den Hausgebrauch sollten Sie die Flecken mit Kosmetischem Basiswasser oder mit unserem „Fleckenteufel" Orafleck HT (siehe *Seite 52*) entfernen.

Ⓟ Perchlorethylen kann verwendet werden. Wesentlich umweltfreundlicher geht es allerdings auch hier mit Orafleck HT (siehe *Seite 52*). Es empfiehlt sich jedoch, das Mittel zunächst

an einer verdeckten Stelle, z. B. am Saum, auszuprobieren.

Ⓕ Hier muss mit Kohlenwasserstoff (Schwerbenzin) gereinigt werden. Solche Chemikalien dürfen im Haushalt nicht angewendet werden. Sie können es zu Hause mit Waschbenzin versuchen, Sie sollten dann aber auf jeden Fall vorher am Innensaum testen, ob dabei nicht die Färbung leidet.

Ⓦ Dieses neue Zeichen steht schlicht für Wasser und bedeutet Nassreinigung. Diese Reinigungsart bieten manche Reinigungen seit einiger Zeit an. Dabei wird die Wäsche schonend in riesigen Waschmaschinen mit einem speziellen Waschmittel gesäubert. Sie können solche Kleidungsstücke in der Regel auch selbst waschen, und zwar im Feinwaschgang mit unserem Wollwaschmittel Bawos (siehe *Seite 40*).

⊗ Dieses Zeichen besagt, dass eine chemische Reinigung unmöglich ist, denn lösungsmittelhaltige Fleckenentferner sind tabu.

Wäschetrockner ▢

Dieses Zeichen gibt an, ob und bei welcher Temperatur das Kleidungsstück in den Trockner darf. Zwei Punkte erlauben normale Trockentemperatur, ein Punkt steht für die schonende Trocknung bei niedrigerer Temperatur und wenn das Symbol durchgestrichen ist, muss die Wäscheleine ran.

Was ist drin im Waschmittel?

Noch vor einigen Jahren stapelten sich im Supermarkt riesige Pakete mit Vollwaschmitteln, heute haben die kleineren Kompaktwaschmittel und Baukastensysteme diese Jumbos weitgehend verdrängt. Dass man von ihnen statt 200 bis 300 g Pulver nur noch durchschnittlich 100 g für einen Waschgang braucht, liegt daran, dass ein Großteil der Pulvermenge in der Riesenbox schlicht überflüssige Stellmittel waren. Diese sollten laut Hersteller z. B. die Rieselfähigkeit des Pulvers gewährleisten. Allerdings waren die Zusätze gleichzeitig ein bequemer Weg, die Produktionsabfälle zu verwerten, denn es handelte sich zu einem großen Teil um Glaubersalz, das bei unterschiedlichen Produktionsprozessen in der Großchemie ohnehin anfällt. Moderne Kompaktmittel enthalten dagegen im Schnitt nur noch bis zu 5 % solcher billigen Füllmittel und klumpen trotzdem nicht.

Abb. 21:
Obwohl es schon seit vielen Jahren Kompaktwaschmittel und umweltschonende Baukastensysteme auf dem Markt gibt, kann sich immer noch rund ein Drittel der deutschen Verbraucher nicht von den Riesenpaketen trennen.

In gängigen Waschmitteln sind im Wesentlichen folgende Stoffe enthalten:
- Tenside, die vor allem öl- und fetthaltigen Schmutz lösen.
- Wasserenthärter und Gerüststoffe, die das Wasser weicher machen und dafür sorgen, dass das Waschmittel seine volle Waschkraft entfalten kann.
- Bleichmittel für die Fleckentfernung – meist umweltschädliches Perborat.
- Waschmittelenzyme für Flecken
- Optische Aufheller
- Schaumregulatoren
- Substanzen, die das Vergrauen und Verfärben der Wäsche verhindern.
- Duftstoffe

Die Saubermänner: Tenside

Tenside sind die wichtigsten Bestandteile des Waschmittels. Sie sorgen als waschaktive Substanzen dafür, dass die Wäsche sauber wird. Das älteste Tensid ist die normale Haushaltsseife. Zum Wäschewaschen ist sie allerdings nur wenig geeignet, denn sie reagiert äußerst empfindlich auf hartes Wasser: Seife fällt beim Kontakt mit Kalk im Wasser zu unlöslicher Kalkseife aus und verliert ihr Schäumvermögen. Solche Kalkseifen sind z. B. die Ablagerungen, die nach dem Baden am Wannenrand zurückbleiben.
Im Waschmittel werden stattdessen synthetische Tenside eingesetzt, die eine wesentlich bessere Waschwirkung haben und auf die Wasserhärte relativ unempfindlich reagieren. Im Gegensatz zu früher sind moderne Tenside in der Regel besser bio-

logisch abbaubar – vor allem wenn sie aus natürlichen Rohstoffen wie Kokosöl, Zucker oder Stärke aufgebaut sind wie die Tenside in unserem Gruwash HT. Bei Tensiden, deren Grundbestandteile aus der Erdölchemie stammen, ist der Abbau in der Kläranlage dagegen deutlich schwieriger.

Ein Tensidmolekül ist gleichzeitig wasser- und ölliebend, denn es hat einen wasserliebenden (hydrophilen) Kopf und einen fettliebenden (lipophilen) Schwanz. Dieser wird vom fettigen Schmutz angezogen und heftet sich fest. Weil der Kopf des Tensids gleichzeitig im Wasser „hängt", heftet es – vereinfacht gesagt – Wasser und Schmutz zusammen. Das Wasser kann dadurch in die feinen Risse und Spalten des Schmutzes eindringen, diesen in kleine Portionen aufspalten und abtransportieren. Dieser Prozess wird durch die elektrische Ladung des Tensids noch erleichtert. Es gibt Tenside, in deren wasserliebendem Kopf die negativen Ionen überwiegen; solche Tenside nennt man anionische Tenside, weil sie sich zur Anode, also dem Pluspol, ausrichten. Entsprechend gibt es kationische Tenside mit positiver Ladung, nichtionische Tenside ohne Ladung und Zwittertenside, die sowohl positive als auch negative Ionen tragen. In den meisten Wasch- und Reinigungsmitteln findet man eine Mischung aus anionischen und nichtionischen Tensiden.

Die negative Ladung der anionischen Tenside erleichtert den Reinigungsprozess: Weil die Faser, in der der Schmutz festsitzt, im Wasser ebenfalls negativ aufgeladen ist, stößt sie das Tensid ab – und den Schmutz gleich mit, denn der hängt ja am fettliebenden Teil des Tensidmoleküls fest.

Abb. 22:   Tenside hüllen den Schmutz ein und entfernen ihn aus der Wäsche.

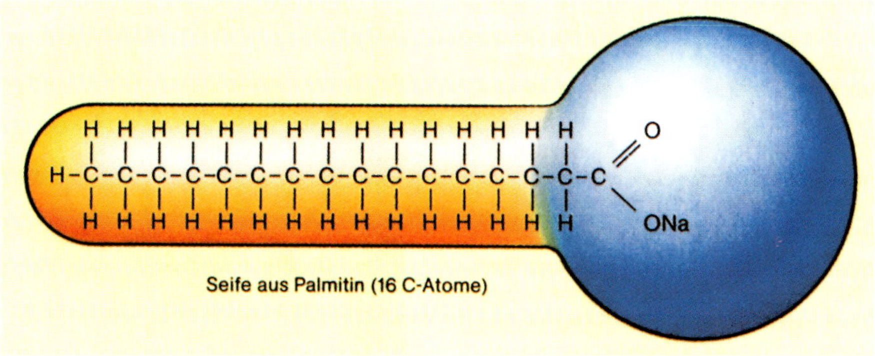

Abb. 23:   Beispiel für ein Tensid-Molekül mit wasserliebendem Kopf (rechts) und fettliebendem Schwanz (links).

Tenside

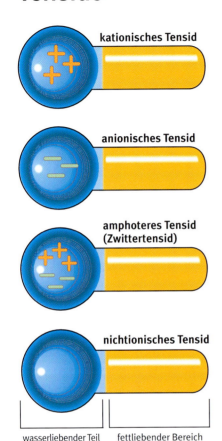

Abb. 24: Nach der elektrischen Ladung der „Köpfe" unterscheidet man kationische, anionische, amphotere und nichtionische Tenside.

Kationische Tenside tun genau das Gegenteil: Sie werden von der Faser angezogen und legen sich wie ein Film darüber. Solche Kationtenside sind deshalb der Hauptbestandteil von Weichspülern, werden aber auch in geringeren Mengen in Shampoos und Haarspülungen verwendet. Bei einem Niotensid ist die Sache etwas komplizierter. Solche neutralen Tenside haben einen besonders großen wasserliebenden Kopf, an den sehr viele Wassermoleküle andocken können. Niotenside können also viel Wasser binden, was den Abtransport des Schmutzes erleichtert.

DER ABBAU VON TENSIDEN

Der Gesetzgeber schreibt heute vor, dass ein Tensid von den Bakterien in der Kläranlage nach 19 Tagen zu 90 % abgebaut werden muss. Allerdings bezieht sich diese Vorschrift nur auf den ersten Abbauschritt, der dazu führt, dass das Tensid nicht mehr schäumt und seine Waschkraft verliert. Es können aber chemische Verbindungen bestehen bleiben, die unter Umständen die Natur immer noch belasten können. Der Totalabbau, also die vollständige Zerlegung in Wasser, Kohlendioxid und anorganische Salze, ist gesetzlich leider nicht geregelt. Der Aufdruck auf manchen Waschmitteln „biologisch abbaubar" ist daher wenig aussagekräftig.
Bei unseren Hobbythek-Waschmitteln ist das aber kein Problem. Sie sind sowohl unter Sauerstoffeinfluss (aerob) als auch im Klärschlamm unter anaeroben Bedingungen schnell und gut abbaubar.

Weiches Wasser – saubere Wäsche: der Enthärter

Um ein gutes Waschergebnis zu erzielen – Tenside entfalten nur in weichem Wasser ihre optimale Waschkraft –, aber auch, um ein Verkalken der Wäsche und Waschmaschine zu verhindern, enthalten Waschmittel einen Enthärter. Er verhindert z. B., dass die feinen Kalkkristalle im Wasser sich auf der Wäsche ablagern, denn die scharfen Enden der Kristalle schädigen die Fasern und halten Fettflecken im Gewebe fest. Zu trauriger Berühmtheit hat es in diesem Zusammenhang das Phosphat als Wasserenthärter gebracht: Bis vor ein paar Jahren war es in allen Waschmitteln enthalten, was zur Überdüngung von Flüssen und Seen führte.
Heute setzt die Waschmittelindustrie dagegen so genannte Zeolithe ein, die zwar nicht so bedenklich wie Phosphate sind, aber trotzdem nicht der Weisheit letzter Schluss, denn sie bilden jede Menge Schlamm, der die Waschmaschine und die Abflussrohre verschlammen kann. Auf dunkler Wäsche schlagen sich die Zeolithe hin und wieder in Form von weißen „Waschpulver-Flecken" nieder. Auch den Kläranlagen macht dieser Schlamm zu schaffen, denn er ist unlöslich und wird nicht abgebaut. Immerhin fallen alleine in Deutschland jedes Jahr mehr als 150 000 Tonnen dieses Schlamms an, denn der Anteil des Zeoliths im Waschmittel beträgt bis zu 30 %. Wir wollen deshalb einen ande-

Abb. 25: Solche Kalkkristalle, die sich beim Waschen mit hartem Wasser auf der Wäsche ablagern können, schädigen die Fasern und halten Fettflecken im Gewebe fest.

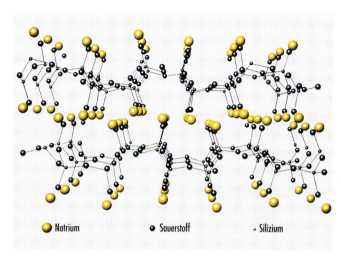

Abb. 26: Das Schichtsilikat SKS-6 tauscht die Calciumionen, die das Wasser hart machen, gegen Natriumionen aus.

ren, umweltschonenderen Weg gehen und haben in unseren Waschmitteln statt des Zeoliths lösliches Schichtsilikat zur Wasserenthärtung eingesetzt, dessen Abbau in der Kläranlage überhaupt kein Problem ist. Dieses Schichtsilikat betätigt sich als Ionentauscher und funktioniert folgendermaßen: In ein Gitter aus Silizium-Sauerstoff-Kristallen sind Natriumionen eingebaut, die sich dort relativ frei bewegen. Im Wasser können diese Ionen daher leicht gegen Calcium- und Magnesiumionen ausgetauscht werden – und das sind genau die Stoffe, die unser Wasser hart machen. Zusätzlich enthärtend wirkt auch noch unsere natürliche Polyasparaginsäure (siehe *Seite 39*).

Fleck weg dank Bleichmittel

Bleichmittel sind einerseits für die Fleckentfernung wichtig und sorgen andererseits dafür, dass Bakterien abgetötet werden, die Wäsche also hygienisch sauber wird. Mit dem Bleichmittel lassen sich Flecken wie Kaffee, Tee, Obst, Gras oder auch Rotwein entfernen. In vielen herkömmlichen Wasch- und Spülmitteln ist das Bleichmittel Perborat enthalten, das in den Kläranlagen nicht abgebaut wird. Eine umweltfreundlichere Alternative ist das Percarbonat, eine Sauerstoffbleiche, die in den Kläranlagen problemlos abgebaut wird. Die Bleichwirkung entsteht, wenn bei einer bestimmten Temperatur der Sauerstoff aus dem Molekül abgespalten wird. Dieser „aktive"

Sauerstoff greift Flecken oder Bakterien an und beseitigt sie.

Sowohl Perborat als auch Percarbonat haben allerdings einen gemeinsamen Nachteil: Sie entfalten ihre optimale Wirkung erst bei einer Temperatur von etwa 80-90 °C. Deshalb ist in allen Wasch- und Spülmitteln zusätzlich ein so genannter Bleichaktivator enthalten, der dafür sorgt, dass das Bleichmittel schon bei 50-60 °C optimal wirkt. Ein gut umweltverträglicher Aktivator ist das TAED (<u>T</u>etra-<u>A</u>cetyl-<u>E</u>thylen-<u>D</u>iamin), das wir in unserem alten Proweiß super eingesetzt haben und das in geringem Umfang jetzt auch in unserem neuen Proweiß spezial enthalten ist. Allerdings sorgt dort neben Percarbonat und TAED eine dritte Substanz dafür, dass die Bleichwirkung sogar schon bei 30 °C einsetzt (siehe *Seite 42f*).

Enzyme: Heinzelmännchen in der Waschmaschine

Enzyme wirken nicht nur im Waschmittel, sondern überall in unserer Umwelt – auch in unserem Körper. Dort setzen sie beispielsweise Stoffwechselvorgänge in Gang und spalten als Bestandteil unserer Verdauungssekrete die Nahrung in für den Körper nutzbare Bestandteile. Im Waschmittel sind Enzyme für die Beseitigung bestimmter Flecken wichtig. Sie bauen Stärke (Schokolade), Eiweiß (Blut, Ei) und pflanzliches sowie tierisches Öl bzw. Fett ab und unterstützen damit die Tenside.

Waschmittelenzyme werden heutzutage von der Industrie in großem Stil mithilfe von genetisch veränderten Mikroorganismen produziert. Solche veränderten Mikroorganismen sind leistungsfähiger als die früher für die Enzymproduktion verwendeten. Deshalb gibt es mittlerweile so gut wie keine herkömmlich produzierten Enzyme mehr. In vielen Fällen werden sogar die Enzyme selbst mittels Gentechnik modifiziert, um sie z. B. unempfindlicher gegen höhere Waschtemperaturen und andere im Waschmittel enthaltene Substanzen, z. B. Bleichmittel, zu machen. Wir stehen solchen Entwicklungen skeptisch gegenüber, denn niemand weiß, wie sich diese veränderten Enzyme in der Umwelt verhalten, wenn sie über die Waschlauge in den natürlichen Kreislauf geraten. Deshalb haben wir in unserem Baukasten solch genetisch veränderten Enzyme nicht eingesetzt. Allerdings kommen auch wir nicht an den genetisch veränderten Produzenten dieser Enzyme, also den Mikroorganismen vorbei. Wichtig war uns aber wie gesagt: Die Enzyme selbst sind nicht verändert, sie sind identisch mit denen aus herkömmlicher Produktion!

Enzyme müssen generell nur ganz niedrig dosiert werden, denn es handelt sich um Katalysatoren, die Abbauprozesse in Gang setzen, sich dabei aber nicht verbrauchen. Ein einziges Enzymmolekül ist z. B. in der Lage, 5 Millionen Mal pro Minute Fett in seine Fettsäuren zu zerlegen und so abzubauen, Eiweiß zu spalten oder Stärke in Zucker zu verwandeln.

Die Wirkung der Enzyme bleibt auch erhalten, wenn sie mit der Waschlauge in den Abfluss gespült werden. Auf dem Weg zur Kläranlage und später auch im Klärschlamm helfen sie mit, enzymspezifische Stoffe aus dem Abwasser zu entfernen, unterstützen also die Arbeit der Kläranlage. Weiterhin helfen Enzyme, Strom zu sparen, denn sie sorgen dafür, dass die Wäsche schon bei niedrigen Temperaturen sauber wird. Gering verschmutzte Wäsche und frische Flecken bekommen Sie allerdings auch ohne Enzyme sauber. In unserem Hobbythek-Waschmittelbaukasten können Sie die Enzyme deshalb zugeben, wenn es erforderlich ist (siehe *Seite 41*).

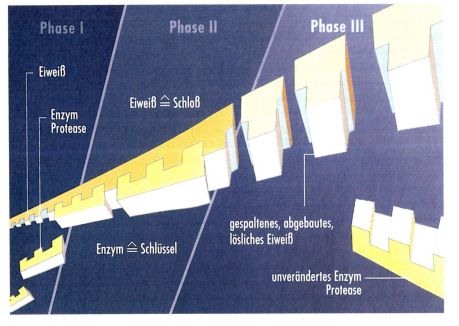

Abb. 27: Das Enzym Protease passt wie ein Schlüssel in das Eiweißmolekül und spaltet es in kleine lösliche Teilchen. Die Protease bleibt dabei unverändert.

Weißer als Weiß: optische Aufheller

Im Schwarzlicht einer Diskothek kommt es zum Vorschein: Was hier so strahlend weiß leuchtet, sind die optischen Aufheller im Gewebe. Diese gelangen bei nahezu allen weißen Textilien bereits beim Produktionsprozess in die Fasern. Optische Aufheller stecken aber auch in allen gängigen Vollwaschmitteln und werden auf diese Weise in die Kleidung hineingewaschen. Der Hintergrund: Weiße Wäsche soll durch die Aufheller besonders „sauber" strahlen. Dabei handelt es sich aber um nichts anderes als eine optische Täuschung: Es sind nämlich fluoreszierende Stoffe, die – vereinfacht gesagt – die unsichtbaren ultravioletten Anteile des Lichtes sichtbar machen. Abgesehen von der Umweltbelastung – solche Stoffe sind sehr langlebig und können für manche Wasserlebewesen zur Gefahr werden – stellen sie zudem für die Wäsche ein Problem dar. Sie neigen nämlich zum „Wandern" und legen sich auch auf farbige Textilien, die keine Aufheller enthalten. Die Folge: Helle oder pastellige Kleidungsstücke können fleckig werden oder die Farbe verändern, wenn sie zusammen mit einem Kleidungsstück gewaschen werden, das optische Aufheller enthält.

Solche Effekte können Sie mit einem Farbschutz im Waschmittel verhindern. Unser Gruwash enthält deshalb **Probunt** (siehe *Seite 44*), das u. a. die optischen Aufheller von der farbigen Wäsche fernhält.

Schaumregulatoren gegen das „Überschäumen" der Waschmaschine

Schaum entsteht dadurch, dass die Wäsche in der Trommel immer wieder von oben in die Waschlauge fällt und dadurch viel Luft in diese einbringt. Um die Luftblasen bilden sich Tensidhüllen – vergleichbar mit Seifenblasen –, und es schäumt. Bei sehr locker gewebten oder gewirkten Stoffen wie beispielsweise Gardinen ist die Schaumentwicklung besonders groß. In Grenzen ist die Schaumbildung erwünscht, denn sie verbessert das Waschergebnis und „polstert" in gewisser Weise die Wäsche, wodurch eine zu starke Beanspruchung beim Herumschleudern in der Trommel verhindert wird. Damit der Schaum nicht überhand nimmt, gibt es Schaumregulatoren.

Unser Grundwaschmittel Gruwash enthält deshalb als Schaumbremse eine kleine Menge Silikonöl.

Schutz vor dem Vergrauen

Wäsche vergraut, wenn der von den Tensiden gelöste Schmutz beim Waschen zurück auf die Wäsche fällt. Das passiert z. B., wenn die Wäsche sehr stark verschmutzt ist oder zu wenig Waschmittel verwendet wurde. Dann verliert die Lauge ihr Schmutztragevermögen, sie „bricht". Die feinen Schmutzpartikel legen sich in diesem Fall als Grauschleier auf die Kleidung. Um das zu verhindern, enthalten viele Waschmittel Zelluloseverbindungen, die wie Gelbildner funktionieren, d. h. die Zellulose-Partikel quellen im Wasser, saugen sich voll und ziehen den im Wasser gelösten Schmutz dabei gleich mit an. Dadurch werden die Schmutzteilchen festgehalten und können nicht wieder auf die Faser zurückfallen. In unserem Gruwash wirkt außer der Zellulose auch die zur Wasserenthärtung eingesetzte Polyasparaginsäure als Schmutzträger und somit Vergrauungsschutz.

Verfärbungen? Nein danke!

Damit sich bunte Textilien beim Waschen nicht gegenseitig verfärben, enthalten Waschmittel so genannte Farbübertragungsinhibitoren. Wir waren übrigens die ersten, die ein Waschmittel mit einem solchen Farbschutz entwickelt haben: unser **Probunt.** Solche Stoffe docken an den Farbmolekülen an, die sich aus dem Gewebe gelöst haben, halten sie fest und verhindern so, dass sie sich auf einem anderen Kleidungsstück festsetzen. Dieser Farbschutz ist in unserem Gruwash-Granulat bereits enthalten. Allerdings sind Farbübertragungsinhibitoren keine Wundermittel. Neue, intensiv gefärbte Textilien sollten Sie auf jeden Fall zunächst einmal separat waschen, um eventuelle Farbüberschüsse zu entfernen. Besonders Billigkleidung neigt zum Ausbluten, weil sie meist schlecht gefärbt ist.

FARBECHT ODER NICHT?

Wenn Sie prüfen wollen, ob ein Kleidungsstück farbecht ist, dann gibt es mehrere Möglichkeiten. Zunächst einmal die Saumprobe: Legen Sie ein weißes Tuch unter den Saum und durchfeuchten Sie ihn von links gut mit Waschlauge. Färbt der Stoff dann auf das weiße Tuch ab, ist das Kleidungsstück nicht farbecht und muss bei niedriger Temperatur separat gewaschen werden. Sie können die Farbechtheit aber auch prüfen, indem Sie ein weißes Tuch über den Zeigefinger legen, damit kräftig über den farbigen Stoff reiben und dann kontrollieren, ob das Tuch Farbspuren zeigt. Die Prozedur sollten Sie noch einmal mit einem nassen Tuch wiederholen. Auch hier gilt: Färbt das Gewebe ab, muss es so lange separat gewaschen werden, bis sich die Waschlauge nicht mehr färbt. Danach kann es dann in die normale Buntwäsche. Intensiv gefärbte Kleidungsstücke sollten nach der Wäsche sofort aufgehängt werden. Liegen sie dicht aufeinander, können sie sich nämlich gegenseitig verfärben.

Parfüm für die Wäsche: Wie riecht Sauberkeit?

Findige Werbestrategen wissen: Beim Waschmittelkauf entscheidet auch die Nase. Der Duft der Wäsche ist ein ganz wichtiges Identifikationsmerkmal, denn wenn alle Waschmittel sauber waschen, dann sollen sie sich wenigstens in diesem Punkt unterscheiden. Darum duftet das eine – scheinbar – nach Frühling, das andere nach einer sommerlichen Blumenwiese, nach Babycreme oder einer frischen Meeresbrise. Und alle riechen sie irgendwie sauber. Leider enthält so manches Waschmittel noch immer künstliche Moschusverbindungen, die in den letzten Jahren in die Kritik gerieten, weil sie gesundheitsschädlich sind. Einige dieser Duftstoffe können sich nämlich im Körperfett anreichern, und so „aromatisiert" die Meeresbrise oder Frühlingswiese letztendlich sogar die Muttermilch.

Vielleicht ist das sogar ein Grund dafür, dass immer mehr Menschen auf solche künstlichen Duftstoffe mit Hautausschlägen oder sogar Atemnot reagieren. Gerade bei Babys und Kleinkindern sollte man vorsichtig sein, denn ihre Haut ist noch besonders dünn und empfindlich, d. h. ihre Barrierefunktion ist noch nicht ausgebildet, und Schadstoffe können viel leichter eindringen. Im Waschmittel muss das Parfüm außerdem sehr hoch dosiert werden, denn ein Großteil läuft ja mit der Lauge in den Abfluss. Sinnvoller ist es statt dessen – wenn es denn gewünscht wird – das letzte Spülwasser zu parfümieren. Dann braucht man wesentlich weniger Duftstoff, und Sie können ein ätherisches Öl oder Parfümöl verwenden, das Sie bevorzugen und vertragen (siehe *Seite 46*).

Abb. 28: Statt mit den künstlichen Duftstoffen im Weichspüler können Sie die Wäsche auch mit ätherischen Ölen parfümieren.

Der neue Hobbythek-Waschmittelbaukasten

Als wir vor über 10 Jahren unseren ersten Waschmittelbaukasten vorstellten, wurden wir von der Waschmittelindustrie ziemlich belächelt. Niemand konnte sich vorstellen, dass die Verbraucher sich die Mühe machen würden, die Substanzen für jeden Waschgang extra zusammenzustellen. Heute sieht das etwas anders aus: Baukasten-Systeme sind längst keine Exoten mehr, die es nur im Bio-Laden zu kaufen gibt, sondern sie stehen mittlerweile in jedem Supermarkt. Stattdessen hat den 10-kg-Paketen die Stunde geschlagen: Ihr Verbrauch ist in den letzten 10 Jahren – durch umweltbewusste Verbraucher – drastisch zurückgegangen.

Doch nicht alle Kompakten verdienen einen „Persilschein" für gute Umweltverträglichkeit. Zwar enthalten die Konzentrate nicht mehr wie die Großen überflüssige Füllmittel, aber einige andere Stoffe, die die Umwelt unnötig belasten. So dient in den meisten Kompaktwaschmitteln statt

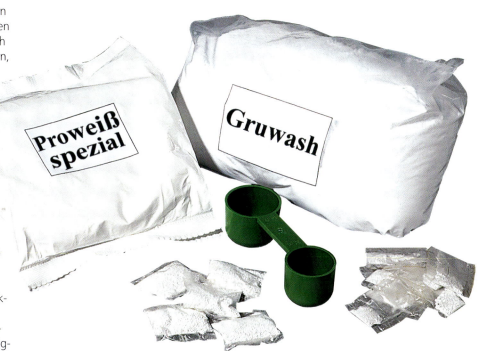

Abb. 29: Die wichtigsten Substanzen des neuen Waschmittelbaukastens der Hobbythek: Das Bleichmittel Proweiß spezial, das Grundwaschmittel Gruwash, der Wasserenthärter Waweich sowie die Enzyme Biozym SE und Biozym F.

des relativ unbedenklichen Percarbonats umweltschädliches Perborat als Bleichmittel (siehe *Seite 33*). Außerdem waschen die meisten Kompakten – wie die Jumbos – noch mit Tensiden aus der Erdölchemie, z. B. Lineare Alkylbenzosulfonate (LAS), die wesentlich schlechter abgebaut werden als moderne Tenside aus nachwachsenden Rohstoffen wie Palmkernöl. Solche umweltschonenderen Tenside sind z. B. Fettalkoholsulfate (FAS) oder Alkylpolyglucoside (APG), die wir auch im Gruwash verwenden. Außerdem enthalten fast alle Kompaktwaschmittel schlecht abbaubare optische Aufheller und schließlich künstliche Duftstoffe in rauen Mengen.

Unser Waschmittelbaukasten und auch unser neues **Vollwaschmittel HT** (siehe *Seite 47*) kommen ohne solch bedenkliche Zutaten aus und sind damit sowohl was die Umweltverträglichkeit betrifft als auch bei der Waschleistung auf der Höhe der Zeit. Bei der Waschwirkung haben wir uns an teuren Markenwaschmitteln orientiert, bei der Umweltverträglichkeit haben wir diese sogar überholt. Dafür sorgt auch unser neues Bleichmittel **Proweiß spezial**, mit dem Sie die komplette Wäsche inklusive Unterwäsche, Handtücher etc. schon bei 30 °C hygienisch sauber waschen können. Doch wir haben nicht nur ein neues Bleichmittel in unseren Waschmittel-Baukasten integriert, sondern auch die Rezeptur unseres Klassikers Bawa etwas verändert – in erster Linie, um sie optimal auf unser neues Proweiß spezial und die niedrigere Waschtemperatur abzustimmen. Dabei haben wir den Namen unseres Basiswaschmittels gleich mit geändert:

AUS BAWA WIRD GRUWASH

Als wir vor 10 Jahren unseren ersten Waschmittelbaukasten mit dem Basiswaschmittel Bawa entwickelten, ließen wir diesen Namen nicht beim Patentamt als Markenzeichen anmelden und schützen. Das nutzten einige Geschäftemacher schamlos aus und boten ihre Produkte, die mit der Hobbythek-Rezeptur nicht das Geringste zu tun hatten, unter dem Namen Bawa Super an. Leider hatten wir damals nichts in der Hand, um solch unfaire Praktiken zu unterbinden. Um den Namensstreit endlich zu beenden, gehen wir jetzt den Weg des geringsten Widerstandes und taufen unser neues Basiswaschmittel hiermit um: Aus dem Basiswaschmittel, kurz Bawa, wird das Grundwaschmittel HT, kurz Gruwash.

Die einzelnen Bestandteile des Waschmittelbaukastens

Gruwash HT – das Grundwaschmittel

Gruwash ist die Basis unseres Baukastens und reinigt bereits ohne den Zusatz unserer Waschmittelenzyme leicht verschmutzte Wäsche. Unser neues Gruwash-Granulat enthält als wesentliche Bestandteile drei Tenside, die alle aus nachwachsenden Rohstoffen, nämlich auf der Basis von Palmkern- und Kokosöl bzw. Zucker und Stärke hergestellt werden. Für die chemisch Interessierten: Es handelt sich dabei zum einen um ein Fettalkoholsulfat (FAS), das mithilfe von Schwefelsäure aus den Fettsäuren der Pflanzenöle gewonnen wird. Das zweite Tensid ist ein Alkylpolyglucosid (APG), das aus Zucker bzw. Stärke synthetisiert wurde. Ein solches Zuckertensid ist besonders umweltfreundlich, denn seine Moleküle werden

Abb. 30:
Die Tenside des Waschmittels dringen in den fettigen Schmutz ein (links), halten sich an ihm fest und transportieren ihn im Wasser fort.

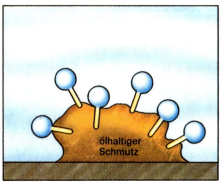 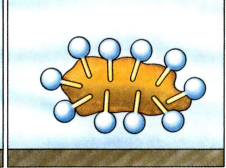

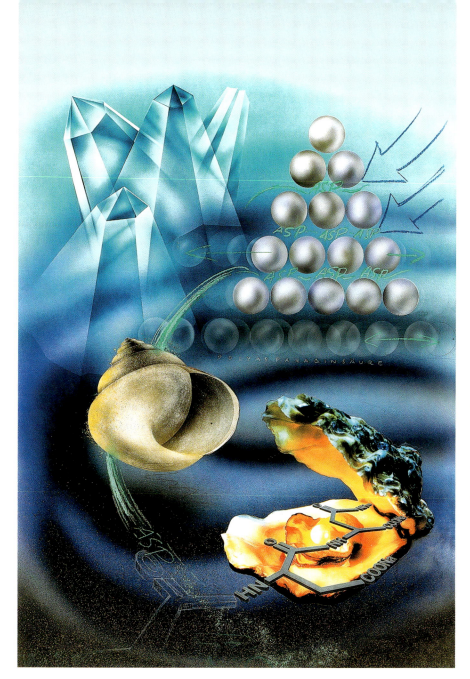

zu Kohlendioxid und Wasser abgebaut. Das gilt auch für unser FAS, allerdings bleiben hier zusätzlich geringe Mengen an Natriumsulfatsalzen übrig, die für eine Kläranlage jedoch kein Problem sind. Das dritte Tensid in unserem Gruwash ist eine Mischung aus Fettalkoholethoxylat (FAEO) und Fettsäuren auf der Basis von Kokosöl, Palmkernöl und Palmstearin. Dieses FAEO ist ein nichtionisches Tensid (siehe *Seite 31f.*), hat eine besonders hohe Fettlösekraft und reinigt schon bei niedrigen Temperaturen gut. Damit ist diese Rezeptur also perfekt auf unser neues Bleichmittel **Proweiß spezial** abgestimmt.

Außerdem enthält unser Gruwash Schichtsilikat. Es enthärtet das Wasser, indem es die Calcium- und Magnesiumionen, die das Wasser hart machen, „herausfischt" und festhält (siehe *Seite 33*).

Verstärkt wird dieser Effekt durch eine weitere Substanz: Die Polyasparaginsäure, die ebenfalls im Gruwash enthalten ist. Sie wird als Polyaspartat auf der Packung angegeben.

Entkalker aus der Natur: Polyasparaginsäure

Asparaginsäure ist eine der 20 existierenden Aminosäuren, aus denen alle Proteine aufgebaut sind. Die Asparaginsäure – besser gesagt Polyasparaginsäure, das sind

Abb. 31: Bei der Bildung der Austernschale schmuggelt der Organismus vermehrt Polyasparaginsäure zwischen die einzelnen Ebenen der Kalkkristalle und verhindert so ein unkontrolliertes Auskristallisieren.

mehrere (poly = mehrfach) miteinander verknüpfte Asparaginmoleküle – hindert Kalk daran, Kristalle zu bilden. In der Natur ist das vor allem für Wasserlebewesen wie Muscheln, Krebstiere oder Korallen von Bedeutung: Damit diese nicht unkontrolliert „verkalken", schmuggelt der Organismus bei der Schalenbildung in die Ketten aus Aminobausteinen vermehrt Asparaginmoleküle hinein, die sich beim Wachsen der Schale oder des Panzers zwischen die einzelnen Ebenen der Kalkkristalle schieben

AUF EINEN BLICK

Inhaltsstoffe Gruwash-Granulat:
● Anionische und nichtionische Tenside (FAS, APG, FAEO)
● Soda und Bicarbonat als Waschalkali (machen das Waschmittel alkalisch)
● Schichtsilikat zur Wasserenthärtung
● Polyasparaginsäure zur Wasserenthärtung und als Schmutzträger
● Probunt als Farbschutz
● Schaumex (Silikonöl) als Schaumbremse
● Enzym Zellulase zur Gewebeschonung
pH-Wert: ca. 11 (alkalisch)

Inhaltsstoffe Gruwash flüssig
● Anionische und nichtionische Tenside (FAS, APG, FAEO)
● Polyasparaginsäure zur Wasserenthärtung und als Schmutzträger
● Schaumex (Silikonöl) als Schaumbremse
pH-Wert: ca. 8 (neutral-leicht alkalisch)

und ihnen – vereinfacht gesagt – die Form aufzwingen, die im Erbgut des jeweiligen Organismus, also z. B. der Auster, festgelegt ist.
Diesen Effekt machen wir uns auch im Gruwash zunutze, denn die Polyasparaginsäure hindert auch den im Waschwasser enthaltenen Kalk daran, Kristalle zu bilden. Außerdem hat sie noch einen weiteren sehr positiven Effekt: ein gutes Schmutztragevermögen (siehe *Seite 35*). Weil die Polyasparaginsäure seit Jahrmillionen in der Natur vorkommt, ist ihr biologischer Abbau durch Mikroorganismen völlig problemlos. Polyasparaginsäure ersetzt unser Polyacrylat, das wir als Softin früher in unserem Waschmittel eingesetzt haben, das aber längst nicht so einfach abzubauen ist.

Gruwash-Granulat ist durch Schichtsilikat und Polyasparaginsäure für Wasserhärten bis Härtegrad III gut gerüstet. Bei sehr hartem Wasser (Härtegrad IV) sollten Sie einen kleinen Extrabeutel des Enthärters **Waweich** (siehe *Seite 43*) ins Waschmittelfach geben.
Wenn Sie lieber mit unserem flüssigen Gruwash, das wir parallel anbieten, waschen möchten, sollten Sie – unabhängig von der Wasserhärte – nur dann einen Beutel Waweich zugeben, wenn gleichzeitig auch unser Proweiß spezial verwendet wird. Der Grund: Durch das Waweich wird die Waschlauge alkalisch und das Proweiß spezial wirkt besser. Das flüssige Gruwash enthält, anders als Gruwash-Granulat, keinen Farbschutz; bei Bedarf sollten Sie hier also unser Probunt zugeben. Sowohl Gruwash-Granulat als auch Gruwash flüssig enthalten als Schaumbremse eine

kleine Menge Silikonöl, das wir Schaumex genannt haben.
Als letzten Inhaltsstoff haben wir dem Gruwash-Granulat das Enzym Zellulase zugefügt. Zellulase spaltet Zellulose und reduziert so die Fusselbildung bei Baumwollkleidung. Diese Fusseln entstehen, weil sich die Fasern der Baumwolle mit der Zeit aufspleißen; das Gewebe und die Farben wirken dadurch stumpf. Zellulase entfernt diese feinen Zellulosehärchen und die Farben werden wieder klarer.
Gruwash enthält kein Parfüm, keine optischen Aufheller und kein Bleichmittel, ist also ein kräftig waschendes Buntwaschmittel, aus dem Sie mit unseren Waschmittelenzymen und dem Bleichmittel Proweiß spezial ein umweltschonendes Vollwaschmittel herstellen können, das auch helle und weiße Wäsche hervorragend entfleckt und säubert.
Dosierung:
Für die Maschinenwäsche: 80 ml Gruwash-Granulat oder 30 ml Gruwash flüssig (Konzentrat).

Bawos – das Woll- und Feinwaschmittel

Bawos ist das Woll- und Feinwaschmittel in unserem Baukasten und bedeutet Basiswaschmittel für Wolle und Seide. Es wäscht besonders schonend, weil es chemisch gesehen neutral ist und nicht alkalisch wie unser Gruwash-Granulat. Eine alkalische Waschlauge würde Seidengewebe nämlich brüchig machen und bei Wolle das Verfilzen fördern bzw. sie hart machen. Bawos enthält ebenfalls ein Tensid auf der Basis von Kokosöl und zusätzlich noch ein kationisches Tensid (siehe *Seite 31f.*).

Dieses hat die Aufgabe, sich als feiner Schutzfilm auf die Faser zu legen, was das Filzen der Wolle vermindert und den Stoff weicher macht. Auch Daunen- und Vliesfüllungen können Sie damit waschen. Leider sind viele dieser kationischen Tenside schwer abzubauen und tragen zur Wasserverschmutzung bei, denn sie sind für Fische und andere Lebewesen extrem giftig. Wir haben für unser Bawos ein so genanntes Esterquat gewählt, dessen Abbaubarkeit wesentlich besser ist als die herkömmlicher kationischer Tenside. Bawos können Sie bei Wolle und Seide, aber auch bei waschbaren Jacken mit Daunen- oder Vliesfüllungen sowie waschbaren Pelzen einsetzen. Weil es ein kationisches Tensid enthält, dürfen Sie im Spülgang keinen Weichspüler (Proweich) verwenden, in dem ebenfalls kationische Tenside enthalten sind. Die Textilien würden klebrig werden und könnten weniger Feuchtigkeit aufnehmen.

Dosierung:
Maschinenwäsche: 60 ml Bawos
Handwäsche: 20 ml Bawos auf ca. 5 l Wasser

Die Enzyme der Hobbythek: Biozym SE und Biozym F

Die Enzyme sind in Beutel aus wasserlöslicher PVA-Folie verpackt. Sie können einen solchen Beutel einfach ins Waschmittelfach oben auf das Pulver legen.

Biozym SE
Unser wichtigstes Waschmittelenzym Biozym SE enthält zu gleichen Teilen Amylase und Protease. Die Amylase baut Stärke ab – darum das S –, beseitigt also beispiels-

weise Schokoladenflecken. Die Protease entfernt eiweißhaltige Flecken, also Blut, Ei usw. Das E in Biozym SE steht für Eiweiß. Weil diese beiden Enzyme in alkalischem Milieu am effektivsten arbeiten, haben wir unser Gruwash so konstruiert, dass die Waschlauge exakt diese Alkalität erreicht. Hinzu kommt, dass wir einen Lieferanten entdeckt haben, der Enzyme produziert, die nicht erst wie üblich bei etwa 40 – 50 °C ihre größte Leistungsfähigkeit erreichen, sondern bereits bei 30 °C. Eigentlich werden diese Enzyme vorwiegend für den amerikanischen und japanischen Markt produziert und hierzulande überhaupt nicht angeboten. Aber wir hatten den richtigen Riecher und haben damit unser „30-Grad-Team" aus Gruwash, Proweiß spezial und Biozym SE perfekt aufeinander abgestimmt.
Für Feinwäsche wie Seide und Wolle sollten Sie kein Biozym SE verwenden; die Protease greift solche Gewebe an, denn Wolle und Seide sind ja schließlich Eiweißfasern.

Dosierung:
Bei normaler Verschmutzung: 1 Beutel Biozym SE
Zur Vorbehandlung: 1 Beutel Biozym SE in 100 ml Wasser auflösen und Fleck damit einreiben (Gummihandschuhe tragen).
Zum Einweichen: 1 Beutel Biozym SE auf ca. 10 l Wasser
Beim Einweichen in der Maschine: 1 Beutel Biozym SE ins Fach für den Vorwaschgang

Biozym F
Unser Biozym F enthält Lipase, die Lipide, also Fette, abbaut. Sie sollten es in erster Linie zur Vorbehandlung von Fettflecken wie Butter, Creme usw. oder auch von fet-

tigen Kragenrändern verwenden – also für die Härtefälle im Waschkorb. Bei normal verschmutzter Wäsche brauchen Sie Biozym F – anders als das Biozym SE – in der Waschmaschine nicht zu verwenden, denn die Tenside in unserem Gruwash werden mit leichten Fettflecken auch alleine fertig. Eine Ausnahme bildet fettverschmutzte Kleidung aus Synthesegewebe. Aus solchen „Kunstfasern" lassen sich Fettflecke nämlich nur sehr schwer entfernen. Hier empfiehlt sich unter Umständen die Zugabe eines Beutels Biozym F zum Hauptwaschgang. Sie können im Übrigen auch waschbare Seiden- oder Wollkleidung damit behandeln, denn im Gegensatz zur Protease greift die Lipase solche Gewebe nicht an.

Dosierung:
Zur Vorbehandlung: 1 Beutel Biozym F in 100 ml Wasser auflösen und Flecken damit einreiben.
Zum Einweichen: 1 Beutel Biozym F auf 10 l Wasser
Zum Einweichen in der Waschmaschine: 1 Beutel Biozym F ins Fach für den Vorwaschgang

Proweiß spezial – das umweltschonende Bleichmittel

Dass man Wäsche bislang mit 60 °C waschen musste, liegt schlichtweg an den herkömmlichen Bleichmitteln wie Perborat und Percarbonat, die erst bei etwa 50 – 60 °C mithilfe von Bleichaktivatoren ihre volle Wirkung entfalten.
Tenside und Enzyme leisten ihre Arbeit dagegen auch schon in weniger warmem Wasser. Für Enzyme sind solch hohe Temperaturen sogar ein Problem, denn sie ver-

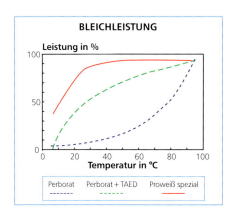

Abb. 32: In Proweiß spezial entfaltet ein besonderes Kaltbleichmittel (PAP) seine optimale Wirkung im Gegensatz zu herkömmlichen Bleichmitteln bereits bei 30 °C.

lieren bei Temperaturen über 60 °C schnell ihre Leistungsfähigkeit. Weil aber für die Fleckentfernung und für das Abtöten von Bakterien die Bleiche wichtig ist, musste sozusagen das ganze Waschmittel nach der Pfeife des enthaltenen Bleichmittels „tanzen".

Unser neues Proweiß spezial dagegen wird schon bei 20 °C aktiv und erreicht seine optimale Wirkung bei 30 – 40 °C. Das liegt an seiner besonderen chemischen Struktur: Es enthält neben Percarbonat und TAED eine Säure mit dem schwierigen Namen Phthalimidoperoxohexansäure (PAP).

Das Molekül enthält Sauerstoff, der für die Bleichwirkung und Entkeimung zuständig ist. Dieser Sauerstoff wird frei, also aktiviert, sobald die Säure in ein chemisch

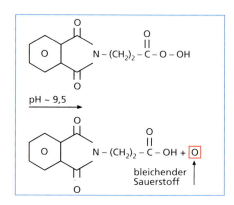

Abb. 33: Im alkalischen Milieu gibt die Phthalimidoperoxohexansäure (PAP) ein Sauerstoffmolekül ab, das für die Bleichwirkung unseres Proweiß spezial verantwortlich ist.

HYGIENISCH BEI 30 °C?

Das Öko-Institut Freiburg hat im Auftrag des Umweltbundesamtes untersucht, auf welche Weise man schädliche Keime und Krankheitserreger aus der Wäsche entfernen kann. Hier das Ergebnis:

Bereits durch die Trommelbewegung wird die Hälfte der im Gewebe festsitzenden Keime aus der Wäsche heraus geschwemmt. Ein weiterer Faktor ist natürlich die Waschtemperatur: Bei Temperaturen über 40 °C werden weitere Mikroorganismen abgetötet, selbst wenn kein Waschmittel verwendet wird. Durch die desinfizierende Wirkung des Wasch- bzw. Bleichmittels wird diese Keimreduktion verstärkt und sogar bei niedrigeren Temperaturen erreicht. Das ist allerdings abhängig von der Art des verwendeten Mittels. Unser neues Bleichmittel Proweiß spezial gewährleistet diesen Effekt wie gesagt schon bei 30 °C. Das Öko-Institut kommt zu dem Schluss, dass die Wäsche auch bei Waschtemperaturen um 30 bis 40 °C hygienisch sauber wird, d. h. die Keimzahl so weit reduziert wird, dass eine Infektion ausgeschlossen ist. Eine völlige Keimfreiheit wird übrigens selbst bei 95 °C nicht erreicht. Deshalb muss beispielsweise Krankenhauswäsche auch gesondert desinfiziert werden, wenn sie mit Problemkeimen wie Typhus, Hepatitis oder ähnlich gefährlichen Erregern infiziert ist.

Für die ganz normale Haushaltswäsche ist es dagegen weder notwendig noch wünschenswert, allen Keimen den Garaus zu machen. Unser Immunsystem hat sich längst an die Keime gewöhnt, die uns überall im Haushalt – und nicht nur in der Wäsche – umgeben. Sollten nach der Wäsche tatsächlich noch vereinzelt Krankheitserreger in der Kleidung überlebt haben, so sind das viel zu wenige, um uns zu schaden. Totale Keimfreiheit ist sogar unerwünscht, denn dann bestünde die Gefahr, dass nur besonders widerstandsfähige Krankheitskeime überleben und das normale Spektrum von Haushaltsbakterien ersetzen würden, wie es sehr häufig in Krankenhäusern der Fall ist. Übrigens hat unser Proweiß spezial noch einen weiteren Vorteil: In wissenschaftlichen Untersuchungen hat die enthaltene Phtalimidoperoxohexansäure sogar den schädlichen Hefepilz *Candida albicans* abgetötet, der beim Einsatz herkömmlicher Bleichmittel sogar den „Kochwaschgang" überlebt. Dieser Pilz ruft z. B. Scheideninfektionen hervor.

Abb. 34: Für unser Proweiß spezial wurde die italienische Herstellerfirma, die das Kaltbleichmittel (PAP) unter dem Namen „Eureco" vertreibt, mit einem Umweltpreis ausgezeichnet.

entgegengesetztes Milieu mit pH-Werten zwischen 8 und 10,5 gerät. Die Temperatur der Waschlauge spielt dabei nur eine Nebenrolle.

Deshalb haben wir die Rezeptur unseres Grundwaschmittels Gruwash so abgestimmt, dass in der Waschlauge ideale alkalische Bedingungen für Proweiß spezial herrschen. Natürlich wollten wir uns diese Leistungsfähigkeit nicht auf Kosten der Umwelt erkaufen. Unser neues Proweiß spezial ist aus ökologischer Sicht genauso unbedenklich wie unser altes Proweiß und Proweiß super. Es ist biologisch leicht abbaubar, und es entstehen auch keine schädlichen Abbauprodukte. Wie unbedenklich Proweiß spezial ist, sehen Sie schon daran, dass die italienische Herstellerfirma für die darin enthaltene und von ihr unter dem Namen „Eureco" vertriebene Säure Ende 1998 einen Umweltpreis der staatlichen Energie- und Umweltbehörde erhalten hat.

Dabei wurde einerseits die gute Umweltverträglichkeit gewürdigt und andererseits die Möglichkeit, mit diesem Bleichmittel Energie einzusparen.

Unser neues Proweiß spezial ist in erster Linie für weiße und hellfarbige Wäsche gedacht, aber Sie können es natürlich – in etwas niedrigerer Dosierung – auch zugeben, wenn Sie bunte farbechte Unterwäsche, Handtücher und Bettwäsche waschen, die desinfiziert werden sollen. Allerdings können diese auf Dauer etwas ausbleichen – wie das bei anderen Bleichmitteln auch der Fall ist. Dunkelfarbige Kleidungsstücke wie T-Shirts, Hemden, Hosen etc. sollten Sie deshalb nur dann mit Proweiß spezial waschen, wenn Obst-, Tee-, Rotwein- oder sonstige bleichbare Flecken entfernt werden müssen. Solche Wäsche wird ansonsten auch ohne Bleichmittel bei 30 °C hygienisch sauber.

Dosierung:
Bei weißer und hellfarbiger Wäsche:
60 ml Proweiß spezial zum Gruwash in den Hauptwaschgang
Bei bunter farbechter Unterwäsche, Handtüchern und Bettwäsche etc.:
30 ml Proweiß spezial
Bei sonstiger dunkler Wäsche (T-Shirts, Hosen, Hemden): Proweiß spezial nur bei Bedarf, d. h. bei bleichbaren Flecken wie Tee, Kaffee, Obst etc. zugeben.
Zum Einweichen: 20 – 30 ml Proweiß spezial

Waweich – der Wasserenthärter

Unser Waweich macht das Wasser weich, indem es ihm die Calcium- und Magnesiumionen entzieht und gegen Natriumionen austauscht (siehe *Seite 32*). Es handelt sich dabei um ein ökologisch unbedenkliches Schichtsilikat, das Sie ab Wasserhärte IV gesondert zugeben müssen.
Bis Wasserhärte III können Sie mit unserem Gruwash-Granulat ohne Zugabe von Waweich waschen, denn dieses enthält bereits Schichtsilikat und Polyasparaginsäure (siehe *Seite 39*).
Das Waweich ist wie die Enzyme in Beutel aus PVA-Folie verpackt, die sich im Wasser auflösen. Sie können diese ins Waschmittelfach geben. Wenn Sie Gruwash flüssig verwenden, brauchen Sie Waweich immer dann, wenn Sie gleichzeitig Proweiß spezial einsetzen (siehe *Seite 40*).
Dosierung:
Waschen mit Gruwash-Granulat:
1 Beutel Waweich bei Wasserhärte IV
Waschen mit Gruwash flüssig:
1 Beutel Waweich bei Verwendung von Proweiß spezial

43

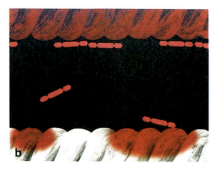

Abb. 35 a-c: Probunt fängt bei der Wäsche Farbstoffmoleküle auf, die sich aus bunten Fasern lösen und verhindert so, dass sie andere Textilien verfärben.

Probunt schützt die Farben

Unser Probunt schützt Ihre Wäsche vor dem Verfärben und verhindert außerdem, dass sich die optischen Aufheller aus weißen Textilien auf der farbigen Wäsche absetzen und dort helle Flecken hinterlassen (siehe *Seite 35*). Bisher haben wir zu diesem Zweck eine Art wasserlösliches Harz mit dem Namen Polyvinylpyrrolidon (PVP) eingesetzt. Jetzt haben wir unsere Rezeptur noch verbessert und zusätzlich einen weiteren Stoff mit dem schwierigen Namen Polyvinylimidazol zugegeben. Dabei handelt es sich ebenfalls um eine Art Harz, das die Wirkung unseres Probunts noch steigert. Diese beiden Stoffe halten Farbmoleküle in der Waschlauge fest und verhindern so, dass sich Farben, die aus einem Kleidungsstück ausbluten, auf einem anderen Kleidungsstück festsetzen und dieses verfärben. Auf die gleiche Weise werden auch optische Aufheller „eingefangen".

Die beiden in unserem Probunt enthaltenen Stoffe sind ökologisch unbedenklich. Sie werden zwar nicht abgebaut, sind aber völlig ungiftig und lagern sich im Klärschlamm an. Dort können sie dann ohne Probleme entsorgt werden. Probunt ist bereits in unserem Gruwash-Pulver enthalten. Deshalb können Sie damit sogar weiße und hellfarbige Wäsche zusammen waschen, ohne dass etwas abfärbt. Bei dunkler Wäsche, die besonders zum Ausbluten oder Abfärben neigt, sollten Sie vor allem beim ersten Waschen etwas flüssiges Probunt zusätzlich ins Waschmittelfach geben. Unser Gruwash flüssig enthält kein Probunt, d. h. Sie müssen es bei Bedarf extra zugeben.

Dosierung:
Bei stark abfärbender Wäsche: 10-30 ml Probunt zusätzlich zum Gruwash-Granulat. Bei Verwendung von Gruwash flüssig: 20 ml ins Waschmittelfach.

Prohell für strahlendes Weiß

Wie optische Aufheller wirken, haben wir bereits auf *Seite 35* beschrieben. Wir halten sie für überflüssig, zumal sie unsere Gewässer belasten. Für alle aber, die mit ihrer Kleidung besonders „strahlen" wollen, haben wir einen Aufheller entdeckt, der verhältnismäßig gut biologisch abbaubar ist. Sie sollten aber trotzdem unser Prohell nur in besonderen Fällen einsetzen, z. B. für Berufskleidung, die noch weißer als weiß erscheinen soll.
Dosierung:
1 Beutel Prohell ins Waschmittelfach für die Hauptwäsche

Proweich für weiche Wäsche

Proweich ist unser Weichspüler, bestehend aus kationischem Esterquat, das auch in unserem Wollwaschmittel Bawos enthalten ist. Dieses Tensid hat den Vorteil, dass es sehr viel besser biologisch abbaubar ist als herkömmliche kationische Tenside, die noch vor wenigen Jahren in allen Weichspülern steckten. Es hat nämlich eine Art Sollbruchstelle (siehe *Abbildung 36 Seite 45*) und zerfällt deshalb im Abwasser schnell in kleinere Teile, die dann von den Mikroorganismen in der Kläranlage relativ leicht „geknackt" werden können.

WEICHSPÜLER – PRO & CONTRA

Ein Weichspüler macht die Fasern glatter und weicher, weil er sich wie ein Film um sie legt. Dieser Film erleichtert das Bügeln und schützt das Gewebe in gewissem Maße vor Beanspruchungen, außerdem verhindert er die elektrostatische Aufladung bei Synthesefasern. Das rechtfertigt seinen Einsatz in einzelnen Fällen.

Weichspüler nur wegen des Duftes ins Spülwasser zu geben, wie es zum Teil die Werbung verheißt, ist völliger Unsinn und im Hinblick auf unsere Umwelt gedankenlos. Um die Wäsche zu beduften, können Sie auch ätherische Öle (siehe Seite 46) ins letzte Spülwasser geben oder einen Beutel mit Lavendelblüten in den Kleiderschrank legen. Auf keinen Fall sollte man Handtücher und Unterwäsche weich spülen, denn dadurch verliert das Gewebe einen großen Teil seiner Saugfähigkeit. Ebenfalls überflüssig ist ein Weichspüler, wenn Sie einen Wäschetrockner verwenden, denn durch die Luft, in der die Wäsche herumgewirbelt wird, werden die Fasern geschmeidig. Das Gleiche leistet übrigens auch die gute alte Wäscheleine, und zwar energiesparender: Wäsche, die eine Zeit lang vom Wind „gebeutelt" wird, kommt ohne Weichspüler aus, denn eventuell verklebte Fasern werden dabei gut gegeneinander verschoben; das Gewebe bleibt beweglich und geschmeidig.

Abb. 36: Das Esterquat im Proweich hat eine Art Sollbruchstelle und kann deshalb sehr viel leichter abgebaut werden als herkömmliche kationische Tenside.

Doch auch moderne kationische Tenside wie unser Esterquat sind nie völlig unbedenklich für die Umwelt und sollten deshalb nur sehr sparsam und in Ausnahmefällen verwendet werden, z. B. bei Gardinen aus Synthesefasern. Hängen diese über einem Heizkörper, verstärkt die aufsteigende Hitze die elektrostatische Aufladung, die Gardine zieht sehr schnell neuen Staub an und wird schneller wieder schmutzig. Proweich verhindert diese Aufladung, die Gardinen verschmutzen nicht so schnell. Außerdem hat ein mit Proweich gespülter Store einen besseren „Fall". Unser Proweich kann sehr sparsam dosiert werden, da es ein Konzentrat ist, und enthält kein Parfüm.

Dosierung:
20 ml Proweich ins Weichspülerfach geben, bei strapazierten, abgegriffenen oder älteren Textilien etwas mehr – ca. 30 ml – zugeben.

Kalweg – der effektive Entkalker

Unser Kalweg haben wir schon vielfältig eingesetzt, nicht nur in der Waschmaschine, sondern auch als Vielzweckmittel im Haushalt. Kalweg ist schlicht 50 %ige Zitronensäure und ökologisch völlig unbedenklich. Es ist eines der besten Mittel zum Entkalken überhaupt. Egal ob Kaffeemaschinen, Töpfe, Wasserkocher oder andere Geräte zu entkalken sind oder ob Kalkflecken von den Badezimmerfliesen beseitigt werden sollen – Kalweg schafft das mit Bravour. Und natürlich profitieren auch Waschmaschine und Wäsche davon, denn Kalweg löst Kalk aus der Faser, der beispielsweise das Entfernen von Fettflecken

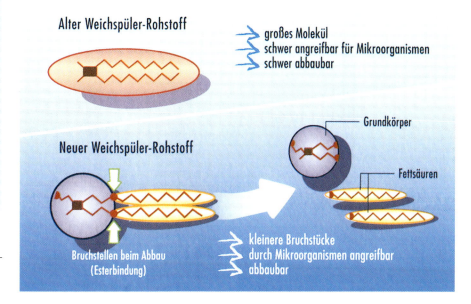

erschwert, weil er diese im Gewebe festhält. Kalweg schützt außerdem die Heizstäbe der Waschmaschine vor dem Verkalken. Es sorgt also dafür, dass die Waschmaschine länger lebt und spart auch noch Energie, denn verkalkte Heizstäbe brauchen viel länger, um das Wasser zu erhitzen.

Dosierung:
Für die Waschmaschine: 20-30 ml Kalweg ins Weichspülerfach
Zum Entkalken von Kaffeemaschinen, Dampfbügeleisen etc: 50 ml Kalweg auf ca. 600 ml (4 Tassen) Wasser
Zum Entfernen von Kalkflecken von Fliesen, Armaturen etc.: Kalweg 1:1 mit Wasser verdünnen. Dabei Gummihandschuhe anziehen!

Duftende Wäsche mit Waschmittelparfüm

Alle Rohstoffe in unserem Waschmittelbaukasten sind unparfümiert, weil immer mehr Menschen auf die allgegenwärtige Duftflut aus dem Chemielabor mit Hautausschlägen oder sogar Atemnot reagieren (siehe *Seite 36*).
Wer seine Wäsche parfümieren möchte, kann dazu auch ätherische Öle verwenden. Das sind natürliche Substanzen, die man ganz nach Geschmack und gewünschter Intensität dosieren kann. Damit sie sich im Wasser lösen, sollten Sie einen Emulgator zugeben. Dazu eignet sich am besten unser LV 41. LV steht für Lösungsvermittler. Er ist aus Rizinus hergestellt und sehr gut hautverträglich. Mischen Sie das Öl mit dem LV 41 im Verhältnis 10:1, also 1 Teil LV 41 auf 10 Teile Öl. Besonders frisch

riecht die Wäsche, wenn Sie Orangen-, Mandarinen- oder Lavendelöl zugeben. Außerdem bieten einige der im Anhang aufgelisteten Läden spezielle Waschmittelparfüms an. Da können Sie dann ebenfalls Ihre eigene Nase entscheiden lassen.

Dosierung:
Bei Bedarf je 10-20 Tropfen ätherisches Öl mit 1-2 Tropfen LV 41 mischen und ins Weichspülerfach geben oder wahlweise 10-20 Tropfen Waschmittelparfüm verwenden.

Der Waschmittelbaukasten auf einen Blick

GRUNDBESTANDTEILE:	
Name	**Funktion**
● Gruwash (Granulat oder flüssig)	Grundwaschmittel
● Bawos	Feinwaschmittel für Wolle und Seide
BEI BEDARF:	
Name	**Funktion**
● Proweiß spezial	bleicht und entkeimt die Wäsche schon ab 30 °C
● Biozym SE	Enzym gegen Stärke- und Eiweißflecken
● Biozym F	Enzym gegen Fettflecken
● Waweich	Wasserenthärter
● Probunt	Farbschutz
● Prohell	optischer Aufheller
● Proweich	unparfümierter Weichspüler
● Kalweg	Entkalker
ZUR FLECKENTFERNUNG:	
Name	**Funktion**
● Proweiß spezial	für bleichbare Flecken
● Orafleck HT	für fettige und ölige Flecken
● Biozym F	für organische Fettflecken, z. B. Pflanzenöl, Butter, Margarine

Das neue Vollwaschmittel der Hobbythek

Auf Wunsch vieler Hobbythek-Zuschauer haben wir uns entschlossen, neben dem bewährten Waschmittelbaukasten auch ein umweltfreundliches Vollwaschmittel zu initiieren. Bisher haben wir dies immer ein wenig gescheut, da wir Angst hatten, damit unser Baukastensystem zu untergraben. Allerdings gibt uns unser neues Proweiß spezial nun die Möglichkeit, ein Vollwaschmittel zu entwickeln, das es so bisher noch nicht zu kaufen gibt; ein Vollwaschmittel, mit dem Sie die Wäsche schon bei 30 °C hygienisch sauber waschen und Flecken entfernen können, und zwar ohne umweltschädliche optische Aufheller und Parfüm.

Natürlich enthält unser neues **Vollwaschmittel HT** die umweltfreundliche Polyasparaginsäure als Enthärter und Schmutzfänger, unser Probunt als Farbschutz und das lösliche Schichtsilikat statt der schlammigen Zeolithe. Wir werden uns dafür einsetzen, dass Sie es möglichst bald in den im *Bezugsquellenverzeichnis* genannten Läden kaufen können.

Dosierung:
Bei normal verschmutzter Wäsche:
Wasserhärte I: 100 ml
Wasserhärte II: 120 ml
Wasserhärte III/IV: 140 ml
Bei leichter Verschmutzung jeweils 20 ml weniger, bei starker Verschmutzung jeweils 20 ml mehr dosieren.

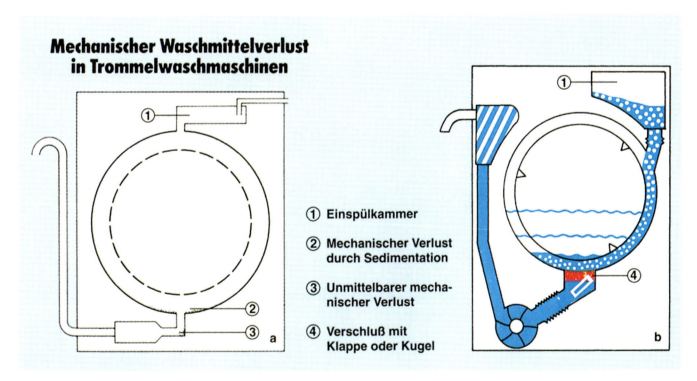

Abb. 37: Bei älteren Waschmaschinen verschwindet bei jedem Waschgang ein Teil des Waschpulvers im so genannten Sumpf und wird ungenutzt in die Kanalisation gepumpt. Dies wird bei neueren Maschinen durch eine Ökoschleuse verhindert.

TEURER BAUKASTEN?

Zugegeben: Die Waschmittel der Hobbythek sind etwas teurer als herkömmliche Produkte aus dem Supermarkt. Das liegt vor allem daran, dass wir z. T. völlig neuartige, besonders umweltverträgliche Inhaltsstoffe verwenden, zum Beispiel unser Schichtsilikat. Dieses ist teurer als das herkömmliche Zeolith, hat aber den Vorteil, dass es keinen Schlamm bildet (siehe *Seite 32*). Die Waschmittelindustrie verwendet das umweltfreundlichere Schichtsilikat wegen seines Preises nur in kleinen Anteilen und setzt stattdessen auf das billige Zeolith. Bei einem Anteil von 30 % im Waschmittel macht sich das beim Verkaufspreis selbstverständlich bemerkbar.

Das gleiche gilt für die natürliche Polyasparaginsäure, die wir als Schutz gegen Verkalkung und als Schmutzträger einsetzen. Auch sie kostet mehr als das biologisch nicht abbaubare Polyacrylat, das in herkömmlichen Waschmitteln enthalten ist. Und natürlich ist auch das neue Bleichmittel „Eureco", das wir in unserem Proweiß spezial einsetzen, teurer als das übliche Percarbonat, da es sich um ein absolut neuartiges Produkt handelt. Wir sind hierzulande vermutlich die ersten, die bei der Bleiche diesen energiesparenden Weg einschlagen, der es ermöglicht, die gesamte Wäsche schon bei 30 °C hygienisch sauber zu waschen. Es lässt sich also nicht vermeiden, dass unser Baukasten und unser neues Vollwaschmittel HT etwas teurer sind als die handelsüblichen Pulver. Einen Teil dieses Mehrpreises können Sie durch das stromsparende Waschen bei 30 °C wieder gutmachen; hinzu kommt, dass unser Baukasten besonders ergiebig ist: 1 kg Gruwash reicht beispielsweise für etwa 75 kg Schmutzwäsche. Rechnet man die Enzyme und Proweiß spezial dazu, dann kostet Sie ein Waschgang mit 4,5 kg Schmutzwäsche ca. 1 DM.

Waschen mit dem Hobbythek-Baukasten

Sie haben nun alle Bausteine des Hobbythek-Waschmittelbaukastens und unser neues Vollwaschmittel HT kennengelernt. Beide Systeme sind völlig problemlos zu dosieren. Dabei helfen Ihnen die Waschtabellen am Schluss des Buches, in denen wir die Mengenangaben noch einmal zusammengefasst haben. Sie können dort auf einen Blick erkennen, was Sie für jedes Waschprogramm benötigen. Geben Sie die einzelnen Zutaten einfach ins Waschmittelfach Ihrer Waschmaschine, und zwar zuerst Gruwash, dann eventuell das Proweiß spezial, und obenauf legen Sie dann die Beutelchen mit dem Biozym SE und eventuell dem Waweich. Das ist wichtig, damit sich die wasserlösliche Folie nicht zu früh auflöst, z. B. in einer Wasserpfütze, die noch von der letzten Wäsche im Fach steht. Die Folie ist nicht empfindlich gegen Luftfeuchtigkeit, aber Sie sollten sie nicht mit feuchten Fingern anfassen, das reicht nämlich schon aus, um den Beutel aufzulösen.

Abb. 38:
Mit dem Dosierlöffel der Hobbythek können Sie Gruwash genau abmessen.

In das Fach für den Weichspüler können Sie dann je nach Bedarf Waschmittelparfüm oder ätherische Öle, Kalweg zum Entkalken und eventuell den Weichspüler Proweich füllen. Diese Zutaten werden beim letzten Spülgang mit in die Trommel eingespült.

Wenn Ihre Waschmaschine schon älteren Datums ist, sollten Sie die pulverförmigen Waschmittel unter Umständen nicht ins Waschmittelfach, sondern direkt in die Trommel geben. Füllen Sie sie dazu in einen normalen Waschhandschuh und legen Sie diesen in der Trommel oben auf die Wäsche. Das hat einen einfachen Grund: Viele ältere Waschmaschinen haben noch keinen Laugenbehälterverschluss – man nennt ihn auch Ökoschleuse (siehe *Abbildung 37 Seite 47*). Bei solchen Maschinen fließt ein Teil des Waschmittels ungenutzt in den so genannten „Waschmaschinensumpf". Aus der Waschmittelkammer fällt das Pulver nämlich zunächst in den Laugenbehälter, das ist die äußere Trommel, welche die eigentliche Wäschetrommel umschließt. An deren tiefster Stelle liegt aber die nicht verschließbare Ablauföffnung. Hier – im Sumpf – setzt sich das Pulver ab und ist damit für den Waschgang verloren, denn ein Großteil davon verschwindet ungenutzt im Abfluss.

Wenn Sie das Waschpulver gleich in die Trommel geben, verhindern Sie dieses Phänomen. Bei neuen Maschinen ist die Ablauföffnung während des Waschgangs durch eine Kugel oder eine Klappe verschlossen, die Ökoschleuse – eine einfache Lösung, die erheblich zum Umweltschutz beiträgt.

Tipps zum richtigen Waschen

- Keine feuchte Schmutzwäsche in den Wäschekorb werfen, sonst riskiert man Stockflecken und Schimmel, die nur schwer wieder rausgehen.
- Wäsche nicht gewohnheitsmäßig nach einmaligem Tragen in die Wäsche werfen. Vielleicht hilft ja schon einfaches Lüften!
- Verschwitzte Sportkleidung möglichst sofort waschen und nicht antrocknen lassen.
- Neue Kinder- und Babykleidung sollten Sie vor dem Tragen auf jeden Fall erst ein- bis zweimal waschen, denn dann können Sie sicher sein, dass gesundheitsschädliche Rückstände, z. B. von Pflanzenschutzmitteln, zum Großteil herausgewaschen sind.
- Reißverschlüsse schließen, damit andere Wäschestücke nicht beschädigt werden. Auch Klettverschlüsse sollten vor der Wäsche geschlossen werden, damit sich keine Flusen dort fest setzen, die später das Schließen erschweren.

EINWEICHEN OHNE MÜHEN

Sind nur wenige Kleidungsstücke fleckig, können Sie diese in einer Schüssel oder einem Eimer einweichen. Geben Sie dazu je nach Verschmutzungsart (siehe *Seite 41*) einen Beutel Biozym SE oder Biozym F in eine Schüssel mit kaltem Wasser und legen Sie die Textilien locker hinein. Noch einfacher ist es, gleich die ganze Waschmaschinenfüllung arbeitssparend in der Trommel einzuweichen. Manche Geräte haben zu diesem Zweck einen speziellen Einweichgang, aber Sie können sich auch ohne ein solches Programm behelfen: Legen Sie die Wäsche in die Trommel und geben Sie folgendes ins Waschmittelfach für den Vorwaschgang:

- 20 ml Gruwash-Granulat oder 10 ml Gruwash flüssig
- je nach Fleckenart 1 Beutel Biozym SE und/oder 1 Beutel Biozym F

Stellen Sie die Temperatur auf 30 °C ein und schalten Sie den Vorwaschgang ein. Wenn sich die Trommel ein paar Mal gedreht hat, das Waschmittel eingespült wurde und die Wäsche gut durchnässt ist (etwa nach 5 Minuten), die Waschmaschine ausschalten und die Wäsche über Nacht in der Lauge liegen lassen. Am nächsten Morgen die gewünschte Waschtemperatur wählen, Waschmittel zugeben und das normale Waschprogramm einschalten. Die Einweichlauge in der Trommel wird dann automatisch für den Hauptwaschgang verwendet, es fließt entsprechend weniger neues Wasser zu.

Nach dem Einweichen können Sie auch die Gruwash-Menge reduzieren, d. h. Sie geben statt der erforderlichen 80 ml nur noch 60 ml ins Waschmittelfach. Auf die Enzyme können Sie in diesem Fall verzichten, denn die haben ja bereits über Nacht ihre Arbeit getan. Lediglich bei sehr stark fleckiger Wäsche sollten Sie noch einen weiteren Beutel Biozym SE für den Hauptwaschgang zugeben.

Abb. 39: Selber Essen macht Spaß – und Flecken, die aber beim Einweichen verschwinden.

- Wer schon einmal ein Papiertaschentuch vor dem Waschen in der Hosentasche vergessen hat, den muss man ein zweites Mal nicht daran erinnern. Für alle anderen: Kontrollieren Sie Ihre Taschen. Ein einziges Taschentuch kann die ganze Wäsche mit winzigen hartnäckigen Flusen überziehen. Und auch ein Filz- oder Kugelschreiber in der Hosentasche kann viel „Freude" bereiten.
- Beim Waschen von Gardinen das Ende mit den Röllchen in einen Stoffbeutel stecken und mit einer Kordel fest zubinden, sonst besteht die Gefahr, dass die Röllchen in dem dünnen Stoff Fäden ziehen. Stecknadeln, mit denen eventuell Falten festgesteckt sind, vor dem Waschen entfernen. Gardinen müssen mit einem alkalischen Waschmittel gewaschen werden, um richtig sauber zu werden. Sie können hier also unser Gruwash-Granulat verwenden.
- Waschmittel nicht „über den Daumen" dosieren, sondern möglichst mit einem genauen Messbecher. Bei mehr als 200 kg Wäsche pro Person und Jahr läuft durch diese Ungenauigkeit nämlich eine Menge unnötig verbrauchtes Waschmittel durch den Abfluss.
- Darauf achten, dass die Waschmaschine gut ausgelastet, aber nicht zu vollgestopft ist. In die meisten Trommeln passen etwa 4-4,5 kg Wäsche hinein. Die optimale Füllmenge ist erreicht, wenn Sie nach dem Beladen Ihre Hand oben noch drehen können. Bei pflegeleichter Wäsche, Gardinen oder empfindlichen Kleidungsstücken aus Wolle oder Seide dürfen Sie die Trommel natürlich nicht so voll beladen. Solche Textilien sollen locker in der Waschlauge schwimmen; deshalb beim Woll-, Pflegeleicht- oder Schonwaschgang die Trommel nur zur Hälfte füllen (etwa 2 kg).
- Moderne Waschmittel sind so leistungsfähig, dass auch Unterwäsche, Handtücher und Bettwäsche nicht mehr bei 90 °C gewaschen werden müssen. Diese hohe Temperatur ist ein Relikt aus der Vergangenheit, als die Waschmittel längst nicht so effektiv waren wie heutzutage. Durch das „Kochen" wird die Wäsche weder sauberer noch hygienischer als bei 60 °C. Es kann sogar genau das Gegenteil der Fall sein: Waschmittelenzyme, die Stärke, Eiweiß und Fettflecken beseitigen, sind bei solch hohen Temperaturen oft bereits abgetötet oder zumindest weniger aktiv als in mäßig warmer Lauge. Unser neues Hobbythek-Waschmittel wirkt dank unseres neuen Proweiß spezial sogar schon bei 30 °C, und dabei sparen Sie enorme Mengen an Strom.
- Ein „Problem", das eine Familie mit Kindern garantiert nicht hat: Die Maschine wird nicht voll! Für solche Fälle haben die meisten modernen Waschmaschi-

nen ein „½-Programm". Das braucht zwar weniger Strom und Wasser als ein normaler Waschgang, aber nicht etwa die Hälfte, sondern nur ein Drittel weniger; also kosten zwei „Halbe" mehr als eine „Volle". Auch da hilft unser neues Bleichmittel: Fortan können Sie Ihre hellfarbigen T-Shirts und Blusen zusammen mit der „Kochwäsche", also Unterwäsche, Bettwäsche, Küchentücher etc., bei 30 °C waschen. Dabei sorgt unser **Probunt** (siehe *Seite 44*) dafür, dass nichts verfärbt wird.

● Bei der Handwäsche besser Gummihandschuhe tragen, denn Waschmittel enthalten Enzyme und Bleichmittel, die zwar Dreck und Flecken beseitigen, aber auch Fett und Eiweiß aus der Haut lösen können. Die Hände werden dadurch spröde und rissig.

● Gewaschene Wäsche möglichst gleich aufhängen, das erspart Ihnen überflüssige Knitterfalten und damit Bügeln. Einige ganz moderne Waschmaschinen haben neuerdings ein zuschaltbares Programm „Leichtbügeln" oder „Knitterschutz". Dabei wird die Wäsche intervallweise geschleudert und am Ende des Waschprogramms einige Minuten lang aufgelockert.

● Textilien, die Sie aus der Reinigung geholt haben, sollten Sie einen Tag lang auslüften lassen, damit sich eventuelle Reste von Lösungsmittel verflüchtigen.

Flecken entfernen leicht gemacht

Je frischer der Fleck, umso besser geht er weg! Wäsche also nicht tagelang liegen lassen. Manche Flecken wie Eiweiß- oder Blutflecken altern nämlich und andere, z. B. Fettflecken, ziehen mit der Zeit immer tiefer ins Gewebe ein. Solche Flecken sollten Sie möglichst frisch entfernen, indem Sie sie je nach Art des Flecks und des Gewebes mit Orafleck HT, unseren Waschenzymen F oder SE oder aber mit unserem neuen Bleichmittel Proweiß spezial einreiben.

Wer Kinder hat, hat auch jede Menge Wäsche, selbst wenn nicht jedes fleckige T-Shirt sofort im Waschkorb landet. Entsprechend gering sind die Ambitionen, diesen Wäscheberg auch noch zeitraubend vorzubehandeln. Doch mit hartnäckigen Fett-, Ei-, Rotwein- oder Schokoladenflecken verschmutzte Textilien sollten Sie vor der Wäsche über Nacht einweichen lassen. Das geht ohne viel Aufwand auch in der Waschmaschine und spart Waschmittel und Energie.

Dreck ist nicht gleich Dreck

Nicht alle Schmutzarten lassen sich gleich gut entfernen.

Wasserlöslicher Schmutz
Schweiß, Zucker, Honig, Staub und anderer wasserlöslicher Schmutz sind ganz einfach mit klarem Wasser zu entfernen.

Enzymspezifische Flecken
Um solche Flecken, z. B. Essensreste, zu entfernen, müssen Enzyme eingesetzt werden: Protease baut Eiweiß ab und beseitigt deshalb Blut, Milch und Eiflecken; Amylase spaltet Stärke, z. B. Sauce, und Lipase löst Fett und Öl. Wir haben diese Enzyme unseren Basiswaschmitteln nicht direkt zugegeben, sondern Sie können sie je nach Verschmutzung selber dosieren. Unser Biozym SE enthält Amylase und Protease, es wird also gegen Stärke und Eiweißflecken eingesetzt, und unser Biozym F enthält Lipase gegen Fettflecken.

Wasserunlöslicher Schmutz
In diese Kategorie fallen Schmiere, Wachs, Kosmetika, Lehm, Ruß, Asche usw. Solchem Dreck muss man mit Tensiden und alkalischen Substanzen zu Leibe rücken, die in unserem Gruwash enthalten sind.

Bleichbarer Schmutz
Das sind Obst- und Gemüsesaft-, Rotwein-, Tee- oder Kaffeeflecken. Sie müssen gebleicht werden, und zwar mit unserem Proweiß spezial (siehe *Seite 52*).

Nicht auswaschbare Flecken
Hier wird es schwierig. Zu solchen Flecken zählen z. B. Rost, Zink, Jod, Teer, Lack etc., die nur schwer zu entfernen sind. Ein Versuch mit unserem Orafleck HT oder unserem Haushaltsreiniger **Oranex HT** lohnt sich bei Teer und Lack auf jeden Fall. Oranex besteht aus Orangenöl, dem allerdings noch Isopropanol als Lösungsmittel beigemischt wurde und außerdem ein Tensid als Emulgator, damit sich das Orangenöl auch

im Putzwasser gut löst. Wenn Sie Oranex zur Fleckentfernung verwenden, sollten Sie die behandelten Textilien danach waschen, damit das Tensid nicht auf dem Stoff zurück bleibt. Auch für solche Flecken gilt: je früher, desto besser. Rostflecken sollten Sie auf jeden Fall vor dem Waschen mit einem handelsüblichen Rostentferner behandeln, denn solche metallischen Rückstände verstärken die Wirkung der Sauerstoffbleiche, wodurch möglicherweise rund um den Fleck die Fasern angegriffen werden. Das Gewebe wird dünn, und an dieser Stelle kann ein Loch entstehen.

Die Fleckentferner der Hobbythek

Rotwein, Tee und Obst – Fleck weg mit Proweiß spezial

Mit unserem neuen Bleichmittel Proweiß spezial können Sie nicht nur normal verschmutzte Wäsche säubern, sondern auch hartnäckigen bleichbaren Flecken wie Rotwein-, Kaffee-, Tee-, Tinten-, Obst- oder Farbflecken zu Leibe rücken. Sind nur einzelne Flecken zu entfernen, kann man sie mit einer Paste aus Proweiß spezial und Gruwash-Granulat einreiben. Legen Sie dazu das betreffende Gewebe über eine Untertasse und streuen Sie je 1 TL Proweiß spezial und 1 TL Gruwash-Granulat auf den Fleck. Dieser muss gut bedeckt sein, also bei Bedarf etwas mehr Pulver verwenden. Auf diese Mischung träufeln Sie nun etwas warmes Wasser und verrühren das Ganze, bis eine cremige Paste entsteht, die durch den freigesetzten Sauerstoff etwas

sprudelt. Sie brauchen so viel Wasser, dass der Fleck gut durchfeuchtet wird. Den Stoff decken Sie jetzt am besten mit einer Folie ab oder stecken ihn mitsamt der Untertasse in eine Plastiktüte, damit die Paste nicht austrocknet. Etwa nach 2 bis 4 Stunden sollte der Fleck verschwunden sein, sonst müssen Sie die ganze Prozedur noch einmal wiederholen. Eine weitere Möglichkeit ist ein „Fleckenpflaster": Tränken Sie dazu ein gefaltetes Papiertaschentuch mit einer Mischung aus Proweiß spezial und Wasser und legen Sie dieses auf den Fleck. Unter den Stoff sollten Sie ein Tuch legen oder eine Untertasse stellen. Nach 2 bis 4 Stunden müsste der Fleck herausgebleicht sein. Wichtig: Fleckenpflaster mit Folie o. ä. abdecken, damit es nicht austrocknet. Müssen mehrere Flecken entfernt werden, empfiehlt sich ein Bleichbad. Dazu 10 l warmes Wasser in einen Eimer füllen und je 50 ml Gruwash-Granulat und Proweiß spezial darin auflösen. In dieser Lauge das Gewebe über Nacht bleichen lassen. Anschließend normal waschen.
Auf diese Weise können Sie auch verfärbte Wäsche entfärben, allerdings sollten Sie in besonders hartnäckigen Fällen noch 50 ml Probunt hinzugeben. Ist eine ganze Maschinenfüllung verfärbt, geben Sie 30 ml Gruwash-Granulat, 100 ml Proweiß spezial und evtl. 50 ml Probunt in das Fach für den Vorwaschgang. Dann Temperatur auf 30 °C einstellen und Programm Vorwaschgang einschalten. Nach etwa 5 Minuten, wenn die Wäsche gut durchfeuchtet ist, Maschine ausschalten und die Wäsche über Nacht einwirken lassen. Anschließend

im Hauptwaschgang mit reduzierter Waschmittelmenge nochmals waschen (siehe *Seite 49*).

Orafleck HT – das Wundermittel gegen fettige und ölige Flecken

Orafleck besteht aus destilliertem Orangenöl und ist ein hervorragendes Lösungsmittel, mit dem Sie ölige und fettige Flecken, z. B. Motoröl, Teer, Schmiere, aber auch Lippenstift entfernen können. Die in der Orangenschale enthaltenen ätherischen Öle zählen zu den besten Fettlösemitteln überhaupt und sind zudem noch völlig unbedenklich für die Umwelt. Legen Sie die verschmutzte Stelle auf ein saugfähiges Handtuch und betupfen Sie den Fleck vom Rand her mit dem Orafleck. Wiederholen Sie diese Prozedur mehrmals, bis sich der Fleck aus dem Gewebe löst. Anschließend Kleidungsstück waschen. Bei Chemiefasern sollten Sie zunächst am inneren Saum prüfen, ob die Faser das Orangenöl verträgt, denn einige Kunststoffe reagieren empfindlich darauf.
Auch bei farbigen Textilien sollten Sie diese Saumprobe machen, um sicherzugehen, dass die Farbe nicht gleich mit entfernt wird.

Hartnäckige Flecken entfernen mit Enzymen

Fett-, Eiweiß- und Stärkeflecken wie Sauce, Blut, Eigelb oder Milch können Sie vor dem Waschen mit den Enzymen der Hobbythek entfernen. Lösen Sie dazu einen Beutel Biozym in etwa 100 ml lauwarmem Wasser auf und reiben Sie den Fleck mit dieser Lösung gut ein. Rollen Sie das Kleidungsstück zusammen und lassen Sie es dann 2 bis 4 Stunden liegen. Sie können es auch in eine Plastiktüte stecken und diese zubinden.

Unser Biozym F wirkt allerdings nur bei organischen Fettflecken, also Butter, Speiseöl, Margarine, Hautfett etc.

Mineralische Fette wie Paraffin oder Stearin, die in Hautcremes oder Lippenstiften enthalten sein können, lassen sich mit Orafleck HT entfernen.

Achtung: Sie sollten auf jeden Fall Handschuhe tragen, wenn Sie mit Waschmittelenzymen arbeiten, denn was der Schmutzwäsche nützt, kann der Haut schaden: Enzyme bauen Fett und Eiweiß ab, und dadurch können auch die Hände rissig und spröde werden.

Weitere Tipps zur Fleckentfernung

● Blutflecken mit kaltem Wasser auswaschen. Bei zu heißem Wasser „brennen" sie sich im Gewebe fest.

● „Erste Hilfe" bei Eigelb- oder Stärkeflecken, z. B. Schokolade, Sauce oder Blut, leistet Spucke, denn im Speichel sind Enzyme enthalten, die in unserem Körper den Verdauungsprozess in Gang setzen. Der Speichel enthält vor allem Amylase, die Kohlenhydrate abbaut. Spucken Sie auf ein Taschentuch und betupfen Sie damit den Fleck immer wieder. Sie brauchen allerdings etwas Geduld. Nach einiger Zeit beginnt sich der Fleck aus dem Gewebe zu lösen. Natürlich müssen Sie das verschmutzte Stück danach waschen. Wer diese Prozedur scheut, kann stärke- und eiweißhaltige Flecken natürlich auch mit unserem Biozym SE entfernen.

Spülen mit dem Hobbythek-Baukasten

Keine Chance für Kaffeeränder

Die Hobbythek hilft Ihnen nicht nur, möglichst umweltschonend zu waschen, sondern wir haben auch einen Spülmittel-Bau-kasten für die Geschirrspülmaschine entwickelt. Dieser besteht aus drei Komponenten:

- dem Spülmittel Prorein
- dem Klarspüler Proklar
- dem Spülmaschinensalz Proreg

Das Kürzel „Reg" steht hier für regenerieren, denn das Spezialsalz regeneriert den Ionentauscher der Spülmaschine, der für die Wasserenthärtung zuständig ist. Unser Prorein haben wir noch einmal verbessert: Es enthält jetzt bereits unser Biozym SE, da man anders als beim Wäschewaschen beim Spülen immer Enzyme braucht.

Abb. 40: Auch solch hartnäckige Kaffeeränder schafft Ihre Spülmaschine mit Unterstützung unseres Proreins mühelos, anschließend sorgt das Proklar für den Glanz.

Gerne hätten wir auch im Spülmittel unser neues Proweiß spezial eingesetzt, doch wir haben darauf verzichtet, weil es derzeit noch keine Spülmaschinen gibt, die mit 30 °C warmem Wasser spülen. Bei wärmerem Wasser können wir auch unser bewährtes Proweiß super, das nur Percarbonat und den Aktivator TAED enthält, gegen Tee- und Kaffeeränder einsetzen, denn unser neues Bleichmittel mit der Phthalimidoperoxohexansäure ist teurer und würde den Preis des Proreins unnötig in die Höhe treiben, weil der Anteil der Bleiche im Spülmittel doch verhältnismäßig hoch ist. Bevor wir nun also sozusagen mit Kanonen auf Spatzen schießen, warten wir lieber ab, bis die Industrie Niedrigenergiespülmaschinen auf den Markt bringt, die mit 30 °C warmem Wasser betrieben werden können.

Der Hobbythek-Spülmittel-Baukasten

Der Spülmittel-Baukasten der Hobbythek besteht wie gesagt aus einem Spülmittel, einem Klarspüler und dem Regeneriersalz. Klarspüler und Salz müssen aber nicht bei jedem Spülgang zugegeben werden, sondern werden in Depots gefüllt, aus denen sich die Maschine nach Bedarf bedient.

Prorein

Unser Geschirrspülmittel Prorein enthält ein schaumarmes Tensid aus nachwachsenden Rohstoffen, als Bleichmittel Percarbonat und den Bleichaktivator TAED, das Schichtsilikat, das zusammen mit Natriumcitrat die Reinigungswirkung erhöht, und Polyasparaginsäure (siehe *Seite 39*), die Kalkablagerungen auf dem Geschirr verhindert und außerdem dafür sorgt, dass der Schmutz nicht wieder auf das Geschirr zurückfällt. Außerdem verhindert ein Korrosionsschutz, dass Edelstahl und Silber anlaufen.

Proklar

Unser Klarspüler enthält ein gut abbaubares Fettalkoholtensid für den Glanz, Isopropylalkohol, damit das Wasser streifen- und fleckenfrei wegtrocknet, sowie Kalweg. Das ist unser 50 %iges Zitronensäurekonzentrat, das Sie im Haushalt nicht nur in der Spülmaschine verwenden können. Es beseitigt auch Kalkflecken von Kacheln und Spiegeln und entkalkt auch Kaffeemaschinen, Wasserkocher, Boiler etc.

Proreg

Unser Proreg ergänzt unseren Spülmittel-Baukasten. Es ist ein besonders reines Salz, das den Ionentauscher regeneriert und somit dafür sorgt, dass die Wasserenthärtung funktioniert. Dieser Ionenaustauscher besteht aus Kunststoffperlen, die in einem Behälter am Spülmaschinenboden unter der Spülkammer sitzen. Das einströmende Wasser fließt durch diesen Behälter hindurch und wird dabei enthärtet, d. h. die Calcium-

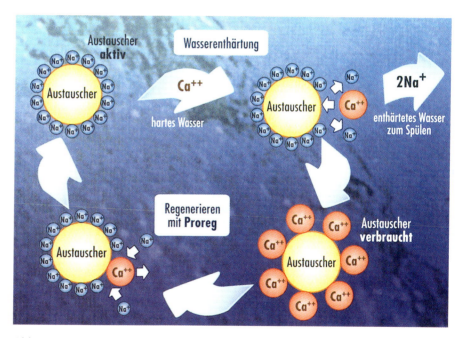

Abb. 41: Die Calciumionen im Wasser werden im Ionentauscher durch Natriumionen ersetzt; das macht das Wasser weich. Sind alle Natriumionen verbraucht, muss Proreg zur Regeneration in den Salzvorratsbehälter der Spülmaschine nachgefüllt werden.

ionen im Wasser werden durch Natrium-ionen ersetzt. Sind alle Natriumionen verbraucht, muss neues Salz (NaCl) nachgefüllt werden, um den Ionentauscher zu regenerieren. Je nach Größe Ihres Salzbehälters in der Spülmaschine können Sie eine halbe oder sogar ganze Packung Proreg auf einmal in den Vorratsbehälter hineingeben, er wird dann automatisch dosiert.

Kalweg:
Frischekur für die Spülmaschine

Moderne Spülmaschinen sind pflegeleicht. Allerdings kann es hin und wieder dazu kommen, dass sich Kalkränder absetzen oder die Maschine unangenehm riecht. Daran sind fettige Essensreste schuld, die ranzig werden oder anfangen zu schimmeln. Dieses Problem tritt jedoch meist nur dann auf, wenn das Spülmittel über längere Zeit zu niedrig dosiert wurde oder das Spülprogramm mit dem Schmutz nicht fertig wurde. Um solche Beläge zu entfernen, können Sie unser Kalweg einsetzen. Geben Sie 200 bis 400 ml ins Spülmittelfach der leeren Maschine – allerdings erst, wenn das Reinigungsprogramm in vollem Gange, also das Wasser schon zugelaufen ist. Unterbrechen Sie dann einfach das Programm und füllen Sie Kalweg ein. Für einen solchen Reinigungsgang sollten Sie die höchst mögliche Temperatur wählen.

Tipps für umweltschonendes Spülen

Moderne Spülmaschinen brauchen heute weniger Wasser und Strom, als für das

Wer zweimal am Tag kleinere Geschirrmengen von Hand spült, braucht dazu 40 Liter Wasser und etwa 2 kWh Strom. Energiekosten: Rund 70 Pfennig. Bei drei Spülgängen täglich belaufen sich die Kosten sogar auf rund 1,10 DM. Die vollbeladene Spülmaschine braucht für einen täglichen Spülgang dagegen etwa 15 bis 20 Liter Wasser und 1 bis 1,4 kWh Strom und kostet somit pro Tag rund 40 bis 45 Pfennig. Hinzu kommen dann allerdings noch die Kosten für das etwas teurere Maschinenspülmittel.

Spülen mit der Hand benötigt wird. Für einen durchschnittlichen Spülgang bei voller Befüllung (12 Gedecke) brauchen sparsame Maschinen etwa 15 l Wasser und 1 kWh Strom. Zum Vergleich: Vor 20 Jahren flossen noch 60 l Wasser bei einem Spülgang in den Abfluss, und fast 3 kWh Strom wurden verbraucht.

● Nur volle Spülmaschinen arbeiten effektiv. Dauert es mehrere Tage, bis die Spülmaschine ganz voll ist – z. B. in kleineren Haushalten –, sollte das Geschirr in der Maschine kurz abgespült werden, damit Essensreste nicht zu schimmeln beginnen. Moderne Maschinen haben zu diesem Zweck ein spezielles Spülprogramm, bei dem das Geschirr mit wenig Wasser abgeduscht wird.

● Spülmaschinen sind nur dann sparsamer als das Spülen mit der Hand, wenn Sie das Geschirr nicht vor dem Einsortieren unter fließendem Wasser abspülen. Moderne Geräte werden auch mit stär-

keren Verschmutzungen fertig. Grobe Essensreste sollten Sie allerdings vor dem Spülgang abstreifen.

● In Haushalten, in denen die Spülmaschine täglich läuft, reicht in der Regel das Sparprogramm, um den frischen Schmutz zu entfernen.

● Spülmaschinen mit einem geringeren Fassungsvermögen sind für kleinere oder Single-Haushalte sicherlich eine gute Alternative zu den großen Geräten. Sie brauchen allerdings im Verhältnis zu diesen mehr Strom und Wasser. Dabei gibt es allerdings Unterschiede; vergleichen lohnt sich also.

● Wie Waschmaschinen brauchen auch Spülmaschinen den meisten Strom dafür, das einfließende Wasser aufzuheizen. Deshalb ist es empfehlenswert, das Gerät an den Warmwasseranschluss zu montieren (siehe *Seite 13*).

● Reinigen Sie nach jedem Spülgang das Sieb der Spülmaschine von Essensresten. Auf diese Weise sparen Sie Spülmittel und verhindern, dass der Schmutz beim nächsten Spülgang wieder auf dem Geschirr verteilt wird. Außerdem sollten Sie regelmäßig kontrollieren, ob die Sprühöffnungen, durch die das Wasser in die Maschine gespritzt wird, frei sind und hin und wieder die Türdichtung säubern.

● Der Sprühdruck der oberen Arme ist geringer als der der unteren. Stark verschmutztes Geschirr sollten Sie also wenn möglich ins untere Fach räumen, empfindliche Gläser dagegen gehören in die obere Schublade.

● Geschirr und Bestecke so einsortieren, dass das Spülmittel und das Wasser überall hinkommen.

Register

Ablufttrockner 15
Acetat 24
Alkylpolyglucoside (APG) 38
Antistatische Ausrüstung 26
Arbeitskreis Naturtextilien 18 f.
ätherische Öle 46
Ausrüstung 17, 26

Baumwolle 17
Bawa HT 38
Bawos 21, 23, 26, 40
Biozym F *37*, 41, 54
Biozym SE *37*, 41, 48, 54
Bleichaktivator 33, 41
Bleichbad 52
Bleichmittel 30, 33, 41
Blutflecken 52 f.
Bügeln 29

Chemiefasern 17
Chemische Reinigung 29
Chloren 29
Cupro 24

Duftstoffe 30, 36, 38

Einweichen 49
Energielabel 13, *14*
Entkalker 46
Enzyme *34*
Esterquat 41, *45*

Farbechtheit 36
Farbschutz 35, 40
Farbübertragungsinhibitoren 35
Fettalkoholethoxylat (FAEO) 39
Fettalkoholsulfate (FAS) 38
Filzfrei-Ausrüstung 27
Flachs 19, *20*

Flecken, bleichbare 43
Fleckentfernung 51 f.

Gardinen 45
Gastrockner *16*
Gentechnik 34
GoreTex 17, 25
Gruwash 31, *37*, 38
 -Granulat 40
 flüssig 40

Handwäsche 51
Hanf 20
Hochveredeln 26

Ionentauscher 33, 54, *55*

Kaffeeflecken 52
Kalkkristalle *33*
Kalweg 45 f., 56
Kompaktwaschmittel 7, *30*, 37
Kondensationstrockner 15
Kosmetikflecken 52
Krumpfecht Ausrüstung 26

Leinen 19
Lineare Alkylbenzosulfonate (LAS) 38
Lippenstiftflecke 52 f.
LV 41 46

Mattierung 27
Maulbeerspinnerraupe *21*
Mercerisieren 26
Mikrofaser 25
Modal 24
Motten 23

Naturmode 18
Naturtextil-Label *19*

Odex HT 13
Ökoschleuse *47*, 49

Ökostrom 8
Öko-Tex Standard 100 *19*
Öle, ätherische 47
optische Aufheller 27, 30, 35, 38, 44
Orafleck HT 10, 52

Perborat 33, 38, 41
Percarbonat 33, 38, 41, 55
pflanzliche Fasern 17
Pflegeetikett 28
Pflegekennzeichen *27*
Pflegesymbole 29
Phosphat 7, 32
Phthalimidoperoxohexansäure *42*
Polyasparaginsäure 33, 35, *39*, 40, 55
Probunt 35, 40, *45*, 44
Prohell 44
Proklar 54 f.
Proreg 54 f.
Prorein 54 f.
Proweich 44
Proweiß spezial 10, 29, *37*, 38 f., 41
 Bleichleistung *42*

Ramie 20
Raumlufttrockner 16
Rotweinflecken 52

Saftflecken 52
Sanforisieren 26
Saumprobe 36
Schaumregulatoren 30, 35
Scheuerfest-Ausrüstung 28
Schichtsilikat SKS-6 *33*, 39, 43, 55
Schmutzarten 51
Schmutztragevermögen 35, 40
Schranktrockner *15*
Schurwolle *22*
Seide 20 f.
Softin 40
Spucke 53
Stellmittel 30, 40

Stone washed 26
Stromverbrauch 7, 13 f.
 Senkung des 10
Sympatex 17, 25
Synthetische Fasern 25

TAED (Tetra-Acetyl-Ethylen-Diamin)
 33, 55
Teeflecken 52
Tenside 30, *31*, 38
 Abbau 32
 amphotere 31, *32*
 anionische 31, *32*
 kationische 31, *32*, 41
 nichtionische 31, *32*
Texturieren 25
Texylon 27
tierische Fasern 20
Toxproof Siegel *19*
Trommelbeladung 11 f., 50

Verfärbungen 35, 52
Verfilzungen 22, *23*
Viskose 24
Vollwaschmittel HT 47

Wäsche-Deo 12
Wäschetrockner 14, 29, 45
Waschmittelbaukasten 7, *30*, 37
Waschmittelenzyme 30, 34, 41, 53
Waschmittelparfüm 36, 46
Waschmittelverbrauch 7
Wasserenthärter 30, 32, 43, 55
Waweich *37*, 40, 43, 48
Weichmachen 28
Weichspüler 44 f.
Windräder *9*
Wolle 22

Zellulosefaser 24
Zeolithe 32
Zwittertenside 31, *32*

Bezugsquellen

BIOSHOP, 53840 Troisdorf, Kölner Str. 36a, Tel. 02241-978091, Fax 02203-593065.

*COLIMEX-ZENTRALE, 50996 Köln, Ringstr. 46, Tel. 0221-352072, Fax 0221-352071; Auslieferungsläden: 32312 Lübbecke, Lange Str. 1, Stern-Apotheke, Tel. 05741-7707, Fax 05741-310887; 33102 Paderborn, Bahnhofstr. 18, St.-Christophorus-Drogerie, Tel. 05251-105213, Fax 05251-105252; 38300 Wolfenbüttel, Lange Herzogstr. 13, Tel. 05331-298370, Fax 05331-298570; 41812 Erkelenz, P.-Rüttchen-Str. 13, KONTRA-Center, Tel. 02431-81071, Fax 02431-72674; 42105 Wuppertal, Klotzbahn, Rathausgalerie, Tel./Fax 0202-443988; 42853 Remscheid, Alleestr. 74, Allee-Center, Tel./Fax 02191-927963; 44137 Dortmund, Westenhellweg 68-84, Tel./Fax 0231-1656308; 49808 Lingen/Ems, Lookenstr. 22-24, Multistore Lingen, Tel./Fax 0591-8040707; 50171 Kerpen, Philipp-Schneider-Str. 2-6, Kaufhalle-Center, Tel./Fax 02237-922352; 50226 Frechen, Hauptstr. 99-103, Marktpassage, Tel./Fax 02234-274770; 50354 Hürth, Theresienhöhe, EKZ-Hürth/Arkaden, Tel./Fax 02233-708538; 50667 Köln, Brüderstr. 7, Rückseite Kaufhalle/Schildergasse, Tel./Fax 0221-2580862; 50858 Köln-Weiden, Aachener Str. 1253, Rhein Center Köln-Weiden , Tel./Fax 02234-709266; 51373 Leverkusen-Wiesdorf, Friedrich-Ebert-Platz 9, city point;51465 Bergisch Gladbach, Richard-Zanders-Str., Kaufhalle, Tel./Fax 02202-43103; 51643 Gummersbach, Wilhelmstr. 7, Vollkorn Naturwarenhandel, Tel. 02261-64784; 52062 Aachen, "Lust for Life", Komphausbadstr. 10, Tel./Fax 0241-4013033; 53111 Bonn, Brüdergasse 4, Tel./Fax 0228-659698; 53721 Siegburg, Am Brauhof 4, Tel./Fax 02241-591160; 53797 Lohmar, Breidtersteegsmühle, Broich & Weber, Tel. 02246-4245, Fax 02246-16418; 56068 Koblenz, Hohenfelder Str. 22, Löhr-Center-Koblenz, Tel./Fax 0261-1004890; 57462 Olpe, Bruchstr. 13, Valentin-Apotheke, Tel./Fax 02761-5190; 58706 Menden, Bahnhofstr. 5, Windrad, Tel. 02373-390301, Fax 02373-390238; 63450 Hanau, Fahrstr. 14, Hobbytee, Tel. 06181-256463; 63739 Aschaffenburg, Steingasse 37, Colimex/Cleopatra, Tel. 06021-26464; 90402 Nürnberg, In "Emotions", Karolinenstr. 11, Tel./Fax 0911-2007760; 94032 Passau, Am Schanzl 10, Turm-Apotheke, Tel. 0851-33377, Fax 0851-32109; 95444 Bayreuth, Maxstr. 16, Schloß-Apotheke, Tel. 0921-65767, Fax 0921-65777.

*DUFT & SCHÖNHEIT, 80331 München, Sendlinger Str. 46, Tel. 089-2608259.

*HEXENKÜCHE, 82152 Krailling, Luitpoldstr. 25, Tel. 089-8593135, Fax 089-8593136.

*HOBBY-KOSMETIK, 86150 Augsburg, Bahnhofstr. 6, Tel. 0821-155346, Fax 0821-513945; 97456 Dittelbrunn, Erlenstr. 25, Tel. 09721-44190.

*JANSON GmbH, 76133 Karlsruhe, Kaiserpassage 16, Tel. 0721-26410, Fax 0721-27780.

*KNACK-PUNKT, 73230 Kirchheim, Alleenstr. 87, Tel./Fax 07021-41726; 27472 Cuxhaven, Präsident-Herwig-Str. 40, Tel. 04721-62820.

LA VITA, 84028 Landshut, Grasgasse 318, Tel./Fax 0871-24424.

MARGOTS BIOECKE, 51143 Köln-Porz, Josefstr./Ladenzeile Busbahnhof, Tel. 02203-55242, Fax 02203-593065.

*NATURWARENLADEN Löschner, 97447 Gerolzhofen, Weiße-Turm-Str. 1, Tel. 09382-4115, Fax 09382-5692, e-mail: naturwarenladen.@t-online.de.

*OMIKRON, 74382 Neckarwestheim, Ländelstr. 32, Tel. 07133-17081, Fax 07133-17465.

*PURA NATURA, 90402 Nürnberg, Johannesgasse 55, Tel. 0911-209522, Fax 0911-2447507.

*SPINNRAD GMBH/ZENTRALE, 45899 Gelsenkirchen, Am Bugapark 3, Tel. 0209-17000-0, Tx. 824726 natur d, Fax 0209-17000-40; Auslieferungsläden: 01239 Dresden-Nickern, Dohnaer Str. 246, Tel. 0351-2882089; 04104 Leipzig-City, Willy-Brandt-Platz 5, Tel. 0341-9612205; 04209 Leipzig, Ludwigsburger Str. 9, Tel. 0341-4200024; 04329 Leipzig-Paunsdorf, Paunsdorfer Allee 1, Tel. 0341-2518906; 06254 Günthersdorf bei Leipzig, Saale-Park, Tel. 03463-820803; 07545 Gera, Gera-Arcaden, Heinrichstr. 30, Tel. 0365-8001125; 07743 Jena, Goethe-Galerie, Goethestr., Tel. 03641-890906; 08523 Plauen, EKZ Die Kolonnaden, Bahnhofstr. 11, Tel. 03741-201784; 09125 Chemnitz-Alt Chemnitz, Annaberger Str. 315, Tel. 0371-514226; 10247 Berlin-Friedrichshain, Frankfurter Allee 53, Tel. 030-4276161; 10719 Berlin-Wilmersdorf, Uhlandstr. 43-44, Tel. 030-8814848; 10789 Berlin-Charlottenburg, Europacenter, Breitscheidplatz,

Tel. 030-2616106; 12163 Berlin-Steglitz, Forum Steglitz, Schloßstr. 1, Tel. 030-7911080; 12351 Berlin-Gropiusstadt, Gropius Passage, Johannisthaler Chaussee 295, Tel. 030-6030462; 12555 Berlin-Köpenick, Forum Köpenick, Bahnhofstr. 33-38, Tel. 030-6520008; 12619 Berlin-Hellersdorf, Spree-Center, Hellersdorfer Str. 79-81, Tel. 030-5612081; 13055 Berlin-Hohenschönhausen, Allee-Center, Landsberger Allee 277, Tel. 030-97609436; 13357 Berlin-Wedding, Gesundbrunnen-Center, Badstr. 5, Tel. 030-49308939; 13439 Berlin-Prenzlauer Berg, Arcaden, Schönhauser Allee 79, Tel. 030-44652393; 13507 Berlin-Tegel, EKZ, Am Borsigturm 11, Tel. 030-43402270; 15745 Wildau, Center an der A 10, Abfahrt Königs Wusterhausen, Nähe Mega Markt, Tel. 0337-5504696; 16303 Schwedt, Oder-Center, Landgrabenpark 1, Tel. 03332-421942; 17033 Neubrandenburg, Marktplatz-Center, Marktplatz 2, Tel. 0395-5823511; 18055 Rostock, Rostocker Hof, Kröpeliner Str., Tel. 0381-4923281; 19053 Schwerin, Schloßpark-Center, Am Marienplatz 5-6, Tel. 0385-5812255; 20146 Hamburg-Rotherbaum, Grindelallee 116, Tel. 040-4106096; 21073 Hamburg-Harburg, Lüneburger Str. 19, Tel. 040-76753177; 21335 Lüneburg, Grapengießerstr. 25, Tel. 04131-406427; 22083 Hamburg-Barmbek, EKZ, Hamburger Str. 37, Tel. 040-22738862; 22111 Hamburg-Billstedt, Billstedt-Center, Billstedter Platz 39, Tel. 040-73679808; 22143 Hamburg-Rahlstedt, Rahlstedt-Center, Schweriner Str. 8-12, Tel. 040-6779044; 22765 Hamburg-Ottensen, Mercado-Center, Hauptstr. 8, Tel. 040-392310; 22850 Norderstedt-Garstedt, Herold-Center, Berliner Allee 38-44, Tel. 040-52883730; 22869 Schenefeld, Stadtcenter, Kiebitzweg 2, Tel. 040-83099081; 23552 Lübeck, Mühlenstr. 11, Tel. 0451-7063307; 24103 Kiel, Ahlmann Haus, Holstenstr. 34, Tel. 0431-978728; 24534 Neumünster, Marktpassage, Großflecken 51-53, Tel. 04321-41633; 24937 Flensburg, Große Str. 3, Tel. 0461-13761; 25524 Itzehoe, Holstein-Center, Feldschmiedekamp 6, Tel. 04821-65106; 26122 Oldenburg, Achternstr. 22, Tel. 0441-25493; 26382 Wilhelmshaven, Nordseepassage, Bahnhofsplatz 1, Tel. 04421-455308; 26506 Norden, Neuer Weg 38, Tel. 04931-992859; 26603 Aurich, Carolinenhof, Fischteichweg 15-19, Tel. 04941-964327; 26789 Leer, Ems-Park, Nüttermoorer Str. 2, Tel. 0491-9921127; 27568 Bremerhaven, Bürgermeister-Smid-Str. 53, Tel. 0471-44203; 27749 Delmenhorst, Lange Str. 96, Tel. 04221-129331; 28195 Bremen-City, Obernstr. 67, Tel. 0421-1691932; 28203 Bremen-Steintor, Ostertorsteinweg 42/43, Tel. 0421-3399043; 28259 Bremen-Huchting, Roland-Center, Alter Dorfweg 30-50, Tel. 0421-5798506; 30159 Hannover-City, Georgstr. 7, Tel. 0511-7000815; 30823 Garbsen-Mitte, EKZ Mitte, Berenbosteler Str., Tel. 05131-476253; 30853 Langenhagen, City-Center, Marktplatz 5, Tel. 0511-7242488; 30880 Laatzen, Leine EKZ, Marktplatz 11, Tel. 0511-8236700; 31134 Hildesheim, Angoulemeplatz 2, Tel. 05121-57311; 31785 Hameln, Bäckerstr. 40, Tel. 05151-958606; 32052 Herford, Lübbestr. 12-20, Tel. 05221-529654; 32423 Minden, Bäckerstr. 72, Tel. 0571-87580; 32756 Detmold, Lange Str. 36, Tel. 05231-37695; 33098 Paderborn, EKZ, Königsplatz 12, Tel. 05251-281759; 33330 Gütersloh, Münsterstr. 6, Tel. 05241-237071; 33602 Bielefeld, Marktpassage, Tel. 0521-66152; 34117 Kassel, Untere Königstr. 52, Tel. 0561-14339; 35390 Gießen, Kaplansgasse 2-4, Tel. 0641-792393; 35576 Wetzlar, Langgasse 39, Tel. 06441-46952; 36037 Fulda, City Haus, Laden 6, Bahnhofstr. 4, Tel. 0661-240638; 37073 Göttingen, Groner Str. 57/58, Tel. 0551-44700; 38100 Braunschweig-City, Sack 2, Tel. 0531-42032; 38226 Salzgitter-Lebenssstedt, Fischzug 12, Tel. 05341-178729; 38440 Wolfsburg, Südkopfcenter, Tel. 05361-15004; 38640 Goslar, Kaiserpassage, Breite Str., Tel. 05321-43963; 39104 Magdeburg-City, City-Carré, Kantstr. 5a, Tel. 0391-5666740; 39326 Hermsdorf, EKZ Elbe-Park an der A 2, Ausfahrt Irxleben, Tel. 039206-52207; 40212 Düsseldorf-City, Schadowstr. 80, Tel. 0211-357105; 40218 Düsseldorf-Friedrichstadt, Friedrichstr. 12, Tel. 0211-3859444; 40477 Düsseldorf-Derendorf, Nordstr. 79, Tel. 0211-4984725; 40597 Düsseldorf-Benrath, Hauptstr. 9, Tel. 0211-7180811; 40721 Hilden, Bismarckpassage, Tel. 02103-581937; 40878 Ratingen, Obernstr. 29, Tel. 02102-993801; 41061 Mönchengladbach-City, Hindenburgstr. 173, Tel. 02161-22728; 41236 Mönchengladbach-Rheydt, Galerie am Marienplatz, im EG, Tel. 02166-619739; 41460 Neuss, Zollstr. 1-7, Tel. 02131-276708; 41539 Dormagen, Rathausgalerie, Kölner Str. 98, Tel. 02133-49045; 41747 Viersen, Hauptstr. 85, Tel. 02162-350549; 42103 Wuppertal-Elberfeld, Herzogstr. 28, Tel. 0202-441281; 42275 Wuppertal-Barmen, Alter Markt 7, Tel. 0202-551753; 42551 Velbert, Friedrichstr. 168, Tel. 02051-52727; 42651 Solingen, Hauptstr. 28, Tel. 0212-204041; 42853 Remscheid, Alleestr. 30, Tel. 02191-420867; 44135 Dortmund-City, Bissenkamp 12-16, Tel. 0231-578936; 44532 Lünen, Lange Str. 32, Tel. 02306-258186; 44575 Castrop-Rauxel, EKZ Widumer Platz, Tel. 02305-27215; 44623 Herne, Bahnhofstr. 45, Tel. 02323-53021; 44787 Bochum-City, Kortumstr. 33, Tel. 0234-66123; 44791 Bochum-Harpen, Ruhrpark Shoppingcenter, Tel. 0234-238516; 44801 Bochum-Querenburg, Uni-Center, Querenburger Höhe 111, Tel. 0234-708679; 45127 Essen-City, City-Center, Porscheplatz 21, Tel. 0201-221295; 45127 Essen-City, Willi-Brandt-Platz 15, Tel. 0201-1769609; 45276 Essen-Steele, Bochumer Str. 16,

Tel. 0201-512104; 45329 Essen-Altenessen, EKZ, Altenessener Str. 411, Tel. 0201-333617; 45468 Mülheim-City, Forum City, Hans-Böckler-Platz 10, Tel. 0208-34907; 45472 Mülheim-Heißen, Rhein-Ruhr-Zentrum, Tel. 0208-498192; 45525 Hattingen, Obermarkt 1, Tel. 02324-55691; 45657 Recklinghausen, Kunibertistr. 13, Tel. 02361-24194; 45699 Herten, Ewaldstr. 3-5, Tel. 02366-938616; 45721 Haltern, Merschstr. 6, Tel. 02364-929351; 45768 Marl-Mitte, EKZ Marler Stern, Obere Ladenstr. 68, Tel. 02365-56429; 45879 Gelsenkirchen-City, im WEKA Kaufhaus, Bahnhofstr. 55-65, Tel. 0209-208963; 45894 Gelsenkirchen-Buer, Horster Str. 4, Tel. 0209-398889; 45899 Gelsen-kirchen-Horst, in der Spinnrad Zentrale, Am Bugapark 3, Tel. 0209-17000680; 45964 Gladbeck, Hochstr. 29-31, Tel. 02043-21293; 46047 Oberhausen-Neue Mitte, Centroallee 150, Tel. 0208-21970; 46049 Oberhausen-Stadtmitte, Bero-Center 110, Tel. 0208-27065; 46236 Bottrop, Kirchplatz 4, Tel. 02041-684484; 46282 Dorsten, Recklinghäuser Str. 4, Tel. 02362-45748; 46397 Bocholt, Osterstr. 51, Tel. 02871-186024; 46483 Wesel, Hohe Str. 26, Tel. 0281-34794; 46535 Dinslaken, Neustr. 31-33, Tel. 02064-72328; 47051 Duisburg-City, Königstr. 42, Tel. 0203-284497; 47441 Moers, Steinstr. 31, Tel. 02841-23771; 47798 Krefeld-City, Neumarkt 2, Tel. 02151-22547; 47798 Krefeld-City, Hansa Zentrum 42/43, Tel. 02151-395635; 48143 Münster, Ludgeristr. 114, Tel. 0251-42352; 48231 Warendorf, Ostwall 41, Tel. 02581-787789; 48282 Emsdetten, EKZ Villa Nova, Bahnhofstr. 2-8, Tel. 02572-88447; 48431 Rheine, Münsterstr. 6, Tel. 05971-13548; 48653 Coesfeld, Schüppenstr. 12, Tel. 02541-82747; 49074 Osnabrück, Neue Passage, Große Str. 84-85, Tel. 0541-201373; 50672 Köln-City, Olivandenhof, Richmodstr. 10, Tel. 0221-2579488; 50678 Köln-Südstadt, Severinstr. 53, Tel. 0221-3100018; 50765 Köln-Chorweiler, City-Center Chorweiler, Tel. 0221-7088940; 50823 Köln-Ehrenfeld, Venloer Str. 336, Tel. 0221-5103342; 51065 Köln-Mülheim, Galerie, Wiener Platz 1, Tel. 0221-6202754; 51373 Leverkusen, Hauptstr. 73, Tel. 0214-403131; 52062 Aachen-City, Rethelstr. 3, Tel. 0241-25254; 52062 Aachen-City, Adalbertstr. 110, Tel. 0241-20453; 52222 Stolberg, Rathausgalerie, Steinweg 83-89, Tel. 02402-21245; 52249 Eschweiler, Grabenstr. 66, Tel. 02403-15286; 52349 Düren, Josef-Schregel-Str. 48, Tel. 02421-10082; 53111 Bonn-City, Poststr. 4, Tel. 0228-636667; 53177 Bonn-Bad Godesberg, Theaterplatz 2, Tel. 0228-351075; 53757 St. Augustin-Ort, EKZ Huma, Rathausallee 16, Tel. 02241-27040; 53879 Euskirchen, Kino-Center Galleria, Berliner Str., Tel. 02251-782191; 54290 Trier, Fleischstr. 11, Tel. 0651-48237; 55116 Mainz-City, Lotharstr. 9, Tel. 06131-238373; 55116 Mainz-Altstadt, Kirschgarten 4, Tel. 06131-228141; 56068 Koblenz, Löhrstr. 16-20, Tel. 0261-14925; 56564 Neuwied, Langendorfer Str. 111, Tel. 02631-357661; 57072 Siegen, Marburger Str. 34, Tel. 0271-54540; 57072 Siegen, City-Galerie, Am Bahnhof 40, Tel. 0271-2383124; 58096 Hagen, Elberfelder Str. 37, Tel. 02331-17438; 58239 Schwerte, Hüsingstr. 22-24, Tel. 02304-990293; 58452 Witten, Bahnhofstr. 38, Tel. 02302-275122; 58511 Lüdenscheid, EKZ Stern-Center, Tel. 02351-22907; 58636 Iserlohn, Alter Rathausplatz 7, Tel. 02371-23296; 59065 Hamm, Bahnhofstr. 1c, Tel. 02381-20245; 59174 Kamen, Weststr. 16, Tel. 02307-235387; 59227 Ahlen, Oststr. 44, Tel. 02382-806677; 59555 Lippstadt, Lippe-Galerie, Tel. 02941-58332; 60311 Frankfurt-City, Kaiserstr. 11, Tel. 069-291481; 60388 Frankfurt-Bergen-Enkheim, Hessen-Center, Borsigallee 26, Tel. 06109-369596; 60439 Frankfurt-Nordweststadt, Nord-West-Zentrum, Tituscorsostr. 2b, Tel. 069-584800; 63065 Offenbach, Herrenstr. 37, Tel. 069-825648; 63739 Aschaffenburg, City-Galerie, Goldbacher Str. 2, Tel. 06021-12662; 64283 Darmstadt, Wilhelminenstr. 2, Tel. 06151-294525; 65183 Wiesbaden, Langgasse 12, Tel. 0611-9010694; 65549 Limburg, Bahnhofstr. 4, Tel. 06431-25766; 66111 Saarbrücken, Bahnhofstr. 20-30, Tel. 0681-3908994; 66424 Homburg/Saar, Saarpfalz-Center, Talstr. 38a, Tel. 06841-5351; 66538 Neunkirchen, Saarpark-Center, Stummstr. 2, Tel. 06821-177662; 67059 Ludwigshafen, Bismarckstr. 106, Tel. 0621-526664; 67061 Ludwigshafen, EKZ Walzmühle, Yorckstr. 2, Tel. 06215-5669606; 67547 Worms, Obermarkt 12, Tel. 06241-88462; 67655 Kaiserslautern, Pirmasenser Str. 8, Tel. 0631-696114; 68159 Mannheim, U 1, 2, Tel. 0621-1560425; 69115 Heidelberg, Das Carré, Rohrbacher Str. 6-8d, Tel. 06221-166825; 69117 Heidelberg, Hauptstr. 62, Tel. 06221-616166; 70173 Stuttgart-City, Lautenschlagerstr. 3, Tel. 0711-291469; 70372 Stuttgart-Bad Cannstatt, Bahnhofstr. 1-5, Tel. 0711-562113; 71084 Böblingen, Kaufzentrum Sindelfinger Allee, Tel. 07031-233664; 71638 Ludwigsburg, Marstall-Center, Tel. 07141-902879; 72070 Tübingen, Kirchgasse 2, Tel. 07071-52571; 72764 Reutlingen, Metzgerstr. 4, Tel. 07121-320415; 73230 Kirchheim unter Teck, Teck-Center, Stuttgarter Str. 2, Tel. 07021-734270; 73430 Aalen, Marktplatz 20, Tel. 07361-66543; 73728 Esslingen-City, Roßmarkt 1, Tel. 0711-350199; 73733 Esslingen-Weil, Neckar-Center, Weilstr. 227, Tel. 0711-386905; 74072 Heilbronn, Sülmerstr. 34, Tel. 07131-962138; 75172 Pforzheim, Bahnhofstr. 10, Tel. 07231-353071; 76133 Karlsruhe, Kaiserstr. 170, Tel. 0721-24845; 76829 Landau, Rathausplatz 10, Tel. 06341-85818; 77652 Offenburg, Steinstr. 28, Tel. 0781-1665; 78050 Villingen-Schwenningen, Niedere Str. 37, Tel. 07721-32575; 78224 Singen, Scheffelstr. 9, Tel.

07731-68642; 78462 Konstanz, Hussenstr. 24, Tel. 07531-15329; 78532 Tuttlingen, Hecht-Carré, Königstr. 2, Tel. 07461-76961; 79098 Freiburg Rathausgasse 17, Tel. 0761-381213; 80331 München-City, Asamhof, Sendlinger Str. 28, Tel. 089-264159; 80797 München-Nord-bad, Schleißheimer Str. 100, Tel. 089-1238685; 83022 Rosenheim, Stadtcenter, Kufsteiner Str. 7, Tel. 08031-33536; 83278 Traunstein, Maxstr. 33, Tel. 0861-69506; 83395 Freilassing, Hauptstr. 29, Tel. 08654-478777; 85057 Ingolstadt-West, West-Park, Tel. 0841-87822; 86150 Augsburg, Viktoriapassage, Tel. 0821-155482; 87435 Kempten, Fischersteige 4, Tel. 0831-24503; 88212 Ravensburg, Eisenbahn-str. 8, Tel. 0751-14489; 89077 Ulm-Weststadt, Blautal-Center, Blaubeurer Str. 95, Tel. 0731-9314111; 89231 Neu Ulm, Mutschler-Center, Borsigstr. 15, Tel. 0731-723023; 90402 Nürnberg-City, Pfannenschmidsgasse 1, Tel. 0911-2448834; 90473, Nürnberg-Langwasser, Fran-ken-Center, Glogauer Str. 30-38, Tel. 0911-8000152; 90762 Fürth, City-Center, Alexanderstr. 11, Tel. 0911-773663; 91054 Erlangen, Haupt-str. 46, Tel. 09131-201043; 91126 Schwabach, Königstr. 2, Tel. 09122-16849; 93047 Regensburg, Maximilianstr. 14, Tel. 0941-51150; 94469 Deggendorf, Degg's Einkaufspassage, Hans-Krämer-Str. 31, Tel. 0991-3790052; 95028 Hof, Ludwigstr. 47, Tel. 09281-3641; 95326 Kulm-bach, Fritz Einkaufsgalerie, Fritz-Hornschuh-Str. 9, Tel. 09221-947870; 96052 Bamberg, EKZ Atrium, Ludwigstr. 2, Tel. 0951-202588; 96450 Coburg, Steinweg 24, Tel. 09561-99414; 97070 Würzburg, Kaiserstr. 16, Tel. 0931-15608; 98527 Suhl, Lauterbogen-Center, Friedrich-König-Str. 21, Tel. 03681-708536; 99085 Erfurt-Nord, Thüringen-Park an der B 4, Tel. 0361-7462048
SYLVIE'S NATURLADEN, 47906 Kempen, Judenstr. 19, Tel. 02152-54590; 13595 Berlin, Pichelsdorferstr. 93, Tel. 030-3317878; 88489 Wain, Obere Dorfstr. 37, Tel. 07353-1465.
WASCH- UND PFLEGEECKE, 91710 Gunzenhausen, Lindenstr. 2b, Tel. 09831-7429.

In der Schweiz:
DORF-LÄDELI, CH-8863 Buttikon, Kantonsstr. 49, Tel. 055-4441854.
*INTERWEGA Handels GmbH, CH-8863 Buttikon, Kantonsstr. 49, Tel. 055-4441854, Fax 055-4442477.

Die mit * gekennzeichneten Firmen betreiben auch Versandhandel.
Einige Substanzen erhalten Sie auch in Reformhäusern, Drogerien, Apotheken, Bioläden und Lebensmittelläden. Vergleichen Sie die Preise!

Hinweis:
Autoren und Verlag bemühen sich, in diesem Verzeichnis nur Firmen zu nennen, die hinsichtlich der Substanzen und Preise zuverlässig und günstig sind. Trotzdem kann eine Gewährleistung von Autoren und Verlag nicht übernommen werden. Irgendwelche Formen von gesellschaftsrechtlicher Verbindung, Beteiligung und/oder Abhängigkeit zwischen Autoren und Verlag einerseits und den hier aufgeführ-ten Firmen andererseits existieren nicht.

Dosiertabellen für den Waschmittelbaukasten

Weiße und bunte Wäsche

- Naturfasern (z. B. Baumwolle, Leinen)
- Chemiefasern (z. B. Viskose, Nylon, Polyester, Elasthan)
- Mischgewebe, Gardinen (Pflegeleicht-Programm)

Waschtemperatur: 30 °C
Waschprogramm: Buntwäsche oder Pflegeleicht (siehe Etikett)

- Die Angaben beziehen sich auf normal verschmutzte Wäsche. Bei leichter Verschmutzung Gruwash-Menge evtl. auf 70 ml reduzieren, bei starker Verschmutzung auf 100 ml erhöhen und eventuell ausnahmsweise höhere Waschtemperatur (40 – 60 °C) wählen.
- Bei farbechter dunkler Unter- oder Bettwäsche, Handtüchern etc. Proweiß-Menge auf 30 ml reduzieren. Bei sonstiger dunkler Wäsche (T-Shirts, Hemden etc.) Proweiß nur bei bleichbaren Flecken wie Tee-, Obstsaft- oder Rotweinflecken einsetzen. Bei leicht verschmutzter weißer und heller Wäsche Proweiß spezial ebenfalls auf 30 ml reduzieren.

	Immer verwenden:	
Wasch-mittelfach	Gruwash-Granulat	80 ml
	Biozym SE	1 Beutel
	Bei Bedarf zugeben:	
	Proweiß spezial	60 ml
	Biozym F (fettlösend)	1 Beutel
	Waweich (Enthärter)	nur bei sehr hartem Wasser (Wasserhärte IV): 1 Beutel
Weich-spülerfach	Proweich (Weichspüler)	20 ml
	Kalweg (Entkalker)	20-30 ml
	Waschmittelparfüm	10-20 Tropfen

Waschen mit Gruwash flüssig

- Weiße und bunte Wäsche: Naturfasern, Synthesefasern, Mischgewebe

Waschtemperatur: 30 °C
Waschprogramm: Buntwäsche, Pflegeleicht (siehe Etikett)

- Diese Angaben beziehen sich auf normal verschmutzte Wäsche. Bei starker Verschmutzung evtl. Gruwash flüssig höher dosieren (40 ml) oder ausnahmsweise höhere Waschtemperatur (40 – 60 °C) wählen.
- Bei dunkler Unter- oder Bettwäsche, Handtüchern etc. Proweiß spezial auf 30 ml reduzieren.
- Bei sonstiger dunkler Wäsche (T-Shirts, Hemden etc.) Proweiß spezial nur bei bleichbaren Flecken (z. B. Tee, Rotwein) einsetzen.
- Bei leicht verschmutzter weißer und heller Wäsche Proweiß spezial ebenfalls auf 30 ml reduzieren.

	Immer verwenden:	
Wasch-mittelfach	Gruwash flüssig	30 ml
	Biozym SE	1 Beutel
	Bei Bedarf zugeben:	
	Proweiß spezial	60 ml
	Waweich	1 Beutel (bei Verwendung von Proweiß spezial)
	Probunt (Farbschutz)	10 ml
Weich-spülerfach	Proweich (Weichspüler)	20 ml
	Kalweg (Entkalker)	20-30 ml
	Waschmittelparfüm	10-20 Tropfen

Wolle, Seide, Mikrofaser
- Waschbare Wolle
- waschbare Seide
- Mikrofasern
- Daunenjacken
- waschbare Fleece

Waschtemperatur: 30 °C
Waschprogramm: Wollwaschgang (Wolle), Feinwäsche (Seide), Pflegeleicht (Mikrofaser)

	Immer verwenden:	
Wasch-mittelfach	Bawos	60 ml
	Bei Bedarf zugeben:	
	Proweiß spezial	30 ml*
	Biozym F (fettlösend)	1 Beutel
Weich-spülerfach	Waschmittelparfüm	10-20 Tropfen

* z. B. bei Sportunterwäsche aus Mikrofasern, nicht bei Wolle und Seide verwenden

Waschen mit Vollwaschmittel HT
- Weiße und bunte Wäsche, Naturfasern, Synthesefasern, Mischgewebe

Waschtemperatur: 30 °C, bei starker Verschmutzung 60 °C
Waschprogramm: Buntwäsche, Pflegeleicht (siehe Etikett)
- Bei leichter Verschmutzung jeweils 20 ml weniger, bei starker Verschmutzung jeweils 20 ml mehr dosieren.

Wasch-mittelfach	Vollwaschmittel HT	Wasserhärte I: 100 ml Wasserhärte II: 120 ml Wasserhärte III/IV: 140 ml

Flecken vorbehandeln

Einweichen in der Waschmaschine
Waschtemperatur: 30 °C
Waschprogramm: Vorwaschgang
- 20 ml Gruwash-Granulat oder 10 ml Gruwash flüssig
- 1 Beutel Biozym SE oder/und F

Achtung: Wenn die Wäsche gut durchnässt ist, Maschine ausschalten, ca. 12 Stunden wirken lassen. Anschließend Hauptwaschgang einschalten und Waschmittel zugeben (20 ml weniger als angegeben).

Einweichen im Eimer
- 20 ml Gruwash-Granulat oder 10 ml Gruwash flüssig auf 10 l Wasser
- 1 Beutel Biozym SE oder/und F

12 Stunden einwirken lassen.

Fettflecken (Pflanzenöl, Butter, Hautfett)	**Biozym F**	siehe Seite 41
Eiweiß- und Stärkeflecken (Essensreste, Sauce, Eigelb, Milch, Blut)	**Biozym SE**	siehe Seite 41
Bleichbare Flecken (Rotwein, Tee, Kaffee, Obstsaft)	**Proweiß spezial**	siehe Seite 52
Ölflecken, Schmiere (Mineralöl, Lippenstift, Hautcreme, Teer)	**Orafleck HT**	siehe Seite 52